はじめてふれる

# 親《しん》鸞《らん》聖《しょう》人《にん》伝《でん》絵《ね》

## （御《ご》伝《でん》鈔《しょう》・御《ご》絵《え》伝《でん》）

沙加戸弘

東本願寺出版

# 本書について

本書は、『同朋新聞』（二〇一八年一月号～二〇一九年十月号）に連載された大谷大学名誉教授・沙加戸弘氏監修の「御絵伝からいただく親鸞聖人のご生涯」（全二十二回）に、『御伝鈔』本文と沙加戸氏による試訳を加え、書籍化したものです。

『御伝鈔』上巻第一段から一段ずつ、本文、試訳、絵（図）およびその説明という構成としています。

拝読文と絵というかたちで示された『親鸞聖人伝絵』にふれることにより、親鸞聖人のご生涯、そして、お念仏の教えに出遇っていただくことを願っています。

【凡例】

・『御伝鈔』本文は、東本願寺出版発行の『真宗聖典』に基づいていますが、読みやすさを考慮し、漢文部分を書き下し表記とし、すべての漢字に振り仮名を付しました。なお、拝読時の読み方とは異なる箇所があります。

・『御伝鈔』試訳については、沙加戸氏が、『御伝鈔』拝読の雰囲気をできる限り受け継ぐかたちで訳されたものです。

・『御絵伝』の各図（絵）は、真宗大谷派（東本願寺）の寺院用授与物「四幅御絵伝」を用いています。

・コラムは沙加戸氏監修のもと、東本願寺出版にて執筆しました。

# 目次

初幅　二幅　三幅　四幅

# はじめに ― 御絵伝《ごえでん》とは ―

## 報恩《ほうおん》講《こう》の始まりと伝絵《でんね》

永仁《えいにん》二（一二九四）年、親鸞聖人の曾孫《ひまご》にあたる覚如上人《かくにょしょうにん》（本願寺第三代の御門首《ごもんしゅ》）は、聖人の三十三回忌を迎えるにあたり、親鸞聖人の御恩をいただくよろこびを、門徒が寄り合い、聞法《もんぼう》する法会《ほうえ》として表そうとなされました。そこで制作されたのが『報恩講式《ほうおんこうしき》』です。

『報恩講式』は、親鸞聖人の御恩をいただくよろこびを、「うた」で表す法要の台本です。これによって聖人の御恩をいただくよろこびを表す法要は、「報恩講」と呼ばれるようになり、現代に至るまで絶えることがありません。

次いで翌年永仁三（一二九五）年、覚如上人は親鸞聖人の御生涯を文章と絵でいただく絵巻物を制作されます。

この絵巻物は、覚如上人がその御一生をかけて改訂を重ね、康永《こうえい》二（一三四三）年、『本願寺聖人伝絵《でんね》』として完成させられました。したがってこの絵巻は、一般に「康《こう》永本《えいほん》」と呼ばれています。

現在真宗門徒が、親鸞聖人の御生涯をいただく時の基本がこの「康永本」です。

## 御絵伝《ごえでん》の成立

この「康永本」は絵巻物ですので、文章と絵が交互に出てきます。

本願念仏《ほんがんねんぶつ》の教えがだんだんと広まり、報恩講に集《つど》う門徒も増え、御堂も大きくなっていきますと、「絵巻物では不便じゃないか」という声が出てきました。

たしかに、絵巻物では多人数が拝読・拝見するのに不便です。また、一人が拝読・拝見するにしても、文章を拝読しながら絵を拝見することができません。そこで、「文章と絵を別々にしよう」ということになりました。つまり、文章だけをまとめて拝読文とし、絵は絵で集めて掛幅《かけふく》とする、というかたちになったのです。この拝読文を『御伝鈔《ごでんしょう》』、絵を集めた掛幅を『御《ご》絵伝《えでん》』と、古くから呼びならわしています。

これによって、報恩講に集う同《どう》行《ぎょう》は、『御絵伝』を拝見しながら拝読される『御伝鈔』を聴聞《ちょうもん》して、同時に親鸞聖人の御生涯を仰ぐことができるようになったのです。

しかしながら、これによってまた新しい問題がおこってきました。それは御堂が大きくなって、絵が掛幅の『御絵伝』として内陣《ないじん》の南（御本尊に向かって左側の）余間《よま》に奉懸《ほうけん》され、『御伝鈔』が外陣《げじん》で拝読されるようになりましたから、文章と絵がどのようにつながっているのか、参詣の同行にわかりにくい、という問題です。

この問題をこよなき縁といただき、多くの先達が『御伝鈔』をもとに『御絵伝』の絵を、長い時間をかけて読み解かれました。

## 視覚化された本願念仏の教え

親鸞聖人の四幅の『御絵伝』は、全体の枠組みから四幅の構成、展開、聖人の御年齢の配置に至るまで、まことに有機的につながっています。それを具体化された一枚一枚の絵には、覚如上人のはかり知れない聖人への報恩の志《こころざし》が込められています。

仏法を生活のかたちとして示してくださった親鸞聖人の御生涯を、絵として拝見するのですから、『御絵伝』は視覚化された本願念仏の教え、と言っても過言ではないでしょう。

親鸞聖人の四幅の『御絵伝』は、右から順に初幅《しょふく》、二幅《にふく》、三幅《さんふく》、四幅《しふく》と進みます。どの幅も下から上へ仰ぎ上げて拝見します。それぞれの幅の一番上の図は、すべて聖人が阿弥陀如来《あみだにょらい》の化現《けげん》（阿弥陀如来のおはたらきをお示しくださった方）であることを伝えてくださっています。

これから皆様方と共々に、『御絵伝』の絵を丁寧に拝見して参りたいと思います。より多くの方々と共に、親鸞聖人の御恩徳を仰がせていただきたいと願っております。

（沙加戸 弘）

## 二幅

第八段

第九図　入《にゅう》西《さい》房《ぼう》鑑《かん》察《ざつ》

五条西洞院・定禅夢想

52頁

第七段

第八図　信《しん》心《じん》諍《じょう》論《ろん》

吉水・信心一異諍論

46頁

第六段

第七図　信《しん》行《ぎょう》分《ぶん》判《ぱん》

吉水・信行両座判別

40頁

第五段

第六図　選《せん》択《じゃく》付《ふ》属《ぞく》

吉水・『選択集』の付属と
法然上人真影の図画

32頁

## 初幅

第四段

第五図　蓮《れん》位《に》夢《む》想《そう》

蓮位房・夢想感得

26頁

第三段

第四図　六《ろっ》角《かく》夢《む》想《そう》

六角堂（頂法寺）・夢想

22頁

第二段

第三図　吉《よし》水《みず》入《にゅう》室《しつ》

吉水・法然門下入門

16頁

第一段

第二図　出《しゅっ》家《け》学《がく》道《どう》

慈円僧正の僧坊・得度

12頁

第一図　慈《じ》円《えん》僧《そう》坊《ぼう》門《もん》前《ぜん》

慈円僧正の僧坊・中門内外

10頁

# 御絵伝（四幅）

## 四幅

第七段

第二十図　廟堂創立《びょうどうそうりつ》
東山・大谷廟堂
96頁

第六段

第十九図　葬送荼毘《そうそうだび》
延仁寺・荼毘
92頁

第十八図　洛陽遷化《らくようせんげ》
善法院・往生
90頁

第五段

第十七図　熊野参詣《くまのさんけい》
熊野権現・平太郎夢告
86頁

第四段

第十六図　箱根霊告《はこねれいごう》
箱根権現・神官歓待
78頁

## 三幅

第三段

第十五図　弁円済度《べんねんさいど》
稲田の草庵・弁円帰依
74頁

第二段

第十四図　稲田興法《いなだこうぼう》
稲田の草庵・教化
68頁

第一段

第十三図　親鸞聖人配流《しんらんしょうにんはいる》
岡崎の草庵・越後国へ
64頁

第十二図　法然上人配流《ほうねんしょうにんはいる》
吉水・法然上人讃岐国へ
62頁

第十一図　九卿僉議《くけいせんぎ》
御所仁寿殿・九卿僉議
60頁

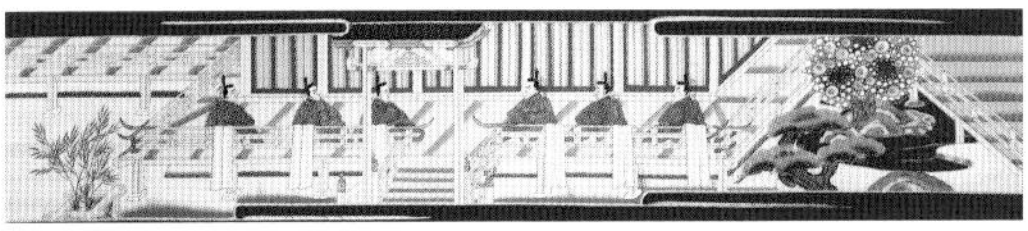

第十図　念仏停止《ねんぶつちょうじ》
御所・専修念仏停止
58頁

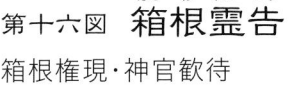

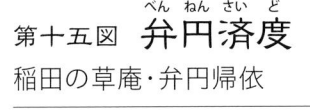

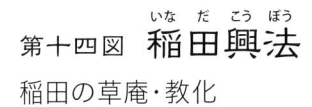

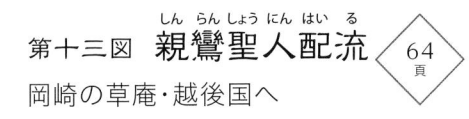

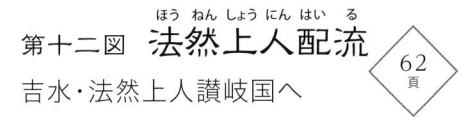

# 本願寺聖人伝絵《ほんがんじしょうにんでんね》〈上巻〉

我々のために本願念仏を明らかにし、その教えを、「いのちの世界を目指して生きる暮らしのかたち」にしてくだされた親鸞聖人の九十年のご生涯を、文章と絵でいただいてまいります。全ご生涯を上下二巻に分かち、まず上巻をいただきます。

本文

## 御伝鈔　第一段　出家学道《しゅっけがくどう》

該当絵：第一図・第二図

それ、聖人《しょうにん》の俗姓《ぞくしょう》は藤原氏《ふじわらうじ》、天児屋根尊《あまつこやねのみこと》二十一世《にじゅういっせ》の苗裔《びょうえい》、大織冠《たいしょかん》　鎌子《かまこ》の内大臣《ないだいじん》　の玄孫《けんそん》、近衛大将右大臣《こんねのだいしょううだいじん》　贈左大臣《ぞうさだいじん》　従一位内麿公《じゅいちいうちまろこう》　後長岡《ごながおか》の大臣《だいじん》と号《こう》し、或《あるい》は閑院《かんにん》の大臣《だいじん》と号《こう》す、贈正一位太政大臣房前公《ぞうじょういちいだいじょうだいじんふさざきこう》の孫《まご》、大納言式部卿《だいなごんしきぶきょう》、真楯《またて》の息《そく》なり　六代《ろくだい》の後胤《こういん》、弼宰相有国卿《ひつのさいしょうありくにのきょう》五代《ごだい》の孫《まご》、皇太后宮大進有範《こうたいこぐのだいしんありのり》の子《こ》なり。しかあれば朝廷《ちょうてい》に仕《つか》えて霜雪《そうせつ》をも戴《いただ》き、射山《やさん》に趨《わし》って、栄花《えいが》をも発《ひら》くべかりし人《ひと》なれども、興法《こうぼう》の因《いん》うちに萌《きざ》し、利生《りしょう》の縁《えん》ほかに催《もよお》いしによりて、九歳《くさい》の春《はる》の比《ころ》、阿伯従《あはくじゅ》三位範綱卿《さんみのりつなのきょう》　時《とき》に、従四位上前《じゅしいじょうさき》の若狭《わかさ》の守《かみ》、後白河《ごしらかわ》の上皇《じょうこう》の近臣《きんしん》なり、聖人《しょうにん》の養父《ようぶ》　前大僧正《さきのだいそうじょう》　慈円《じえん》、慈《じ》鎮和尚是也《ちんかしょうこれなり》、法性寺殿《ほうしょうじどの》の御息《ごそく》、月輪殿《つきのわどの》の長兄《ちょうきょう》　の貴房《きぼう》へ相具《あいぐ》したてまつりて、鬢髪《びんぱつ》を剃除《たいじょ》したまいき。範宴少納言公《はんねんしょうなごんのきみ》と号《こう》す。自爾以来《それよりこのかた》、しばしば南岳天台《なんがくてんだい》の玄風《げんぷう》をとぶらいて、ひろく三観仏乗《さんがんぶつじょう》の理《り》を達《たっ》し、とこしなえに楞厳横河《りょうごんよかわ》の余流《よりゅう》をたたえて、ふかく四教円融《しきょうえんゆう》の義《ぎ》に明《あき》らかなり。

## 試訳

こちらを向いてしっかりと聞いてください。親鸞聖人が、我々の泣き声に応《こた》えて、この世にお出ましくだされた時の仮の御家は藤原氏《ふじわらし》でありました。その藤原氏の遠祖天児屋根尊《あまつこやねのみこと》から三十六代目、時の朝廷《ちょうてい》にお仕《つか》えになった日野有範《ひのありのり》様の御子が松若丸《まつわかまる》様、後の親鸞聖人であります。

時は平安時代、今を時めく藤原氏のご出身でありますから、朝廷に仕えて高位の御役に就くこともたやすかったでありましょうし、また院《いん》の御所に出仕《しゅっし》して栄耀栄華《えいようえいが》の暮らしも思いのまま、という御方でありました。しかし、物心《ものごころ》つかれる頃になりますと、人間の真実を求める心が生まれ、また世の中の不安に苛《さいな》まれる人々に、本当の生き方を届けたい、という思いがわいたのです。

そこで九歳の春の頃、お育てくだされた伯父上《おじうえ》の日野範綱卿《のりつなきょう》が松若丸様を、当時随一のお坊様でありました慈円《じえん》様の御許《みもと》にお連れし、緑《みどり》の髪を落として出家《しゅっけ》させてくだされました。後の親鸞聖人のご出家の時の御名を、範宴少納言公《はんねんしょうなごんのきみ》と申し上げます。

範宴様はそれから比叡山《ひえいざん》に登られ、天台《てんだい》・法華《ほっけ》の伝統的な学問を深く学び、また横川《よかわ》の先達《せんだつ》、源《げん》信僧都《しんそうず》の教えに身を委《ゆだ》ね、並ぶ者無き碩学《せきがく》となられたのでありました。

九歳で見つけられた進むべき道

御絵伝

# 第一図　慈《じ》円《えん》僧《そう》坊《ぼう》門《もん》前《ぜん》

平安時代末、治承《じしょう》五（一一八一）年の春のことです。九歳の親鸞聖人は、伯父《おじ》と共に慈円僧正《じえんそうじょう》（慈鎮和尚《じちんかしょう》）の僧坊《そうぼう》（僧侶の住まい）を訪ねられました。目的は出家得度《しゅっけとくど》。髪を剃り僧になることでした。本図は、その時の様子を表したものです。

親鸞聖人は、承安《じょうあん》三（一一七三）年に京都でお生まれになりました。幼名は松若丸《まつわかまる》（松若麿《まつわかまろ》）、あるいは十八公麿《とわきみまろ》と伝えられます。父親は日野有範《ひののありのり》。母親は定かではありませんが、吉光女《きっこうにょ》（貴光女《きこうにょ》）と伝えられます。

日野家は、平安時代に栄華を極めた藤原氏の一門でした。有範も朝廷に仕える役人で、天皇に学問を進講《しんこう》するほどでした。こうした状況を考えると、聖人は役人として出世することもできたと思われます。

しかし、聖人は四歳の時に父と離別、八歳の時に母と死別されました。幼くして親を失い、伯父の日野範綱《ひののりつな》に預けられたのです。そしてわずか九歳で、出家を決意されたのでした。

慈円僧正の僧坊の中門をはさんで、門の内側（左図）と外側（右図）に分けられます。

図説

右図【門の外側】
① 親鸞聖人が乗ってこられた御所車《ごしょぐるま》（牛車《ぎっしゃ》）
② 日野範綱の馬と従者
③ 満開の桜
④ 御所車をひいた牛と牛飼童《うしかいわらわ》
⑤ 聖人の供の侍

左図【門の内側】
⑥ 護衛の武士
⑦ 稚児《ちご》
⑧ 慈円僧正の家人
⑨ 範綱の家来

# 図のここに注目！

## 1 親鸞聖人はどこに？

両親のいない親鸞聖人は、伯父の範綱にともなわれ慈円僧正の僧坊を訪ねられました。しかし、図をよく見ると、聖人と範綱の姿は見あたりません。なぜなのでしょうか。

実は、この図は、聖人が僧坊の中に入られたあとの様子を表したものなのです。描かれているのは、聖人の供の者や範綱の家来、慈円の家人ばかりです。

## 2 満開の桜は何を表している？

花といえば桜です。古来、日本人に愛されてきました。【図説】③の桜は、車《くるま》やどりの桜といいます。春の時節を示すとともに、祝福すべき出家の象徴として描かれているのでしょう。また、桜の命は短いことから、世の無常を表しているとも解釈されます。

## 深める 出家を決意されたわけ

親鸞聖人がわずか九歳にして出家を決意された理由は何だったのでしょうか。

これには、当時の時代背景がありました。聖人が出家される前年（一一八〇年）、源氏と平氏の戦いが始まったのです。時代は、みやびな貴族の治世《ちせい》から、荒ぶる武士の治世へと移りつつありました。

源平の争乱に加え、この頃、大火や地震なども起こりました。未曾有《みぞう》の大飢饉《だいききん》に発展し、京の都でも多くの餓死者が出たのです。鴨長明《かものちょうめい》の『方丈記《ほうじょうき》』には、「道のほとりに、飢え死ぬるもののたぐい、数も知らず」と、都の惨状がくわしく描かれています。

このような乱世にあり、聖人は何を思われたのでしょう。聖人が出家された理由は明らかになっていません。『御伝鈔《ごでんしょう》』にも、「仏門に入る機縁が熟し」などと記されているのみです。ただ、聖人が利己のためではなく、あらゆる人々の平安を求められ、仏門に入られたのは疑いないでしょう。

幼くして、聖人は進むべき道を見つけられたのです。

熱き出家《しゅっけ》の志

御絵伝

# 第二図　出家学道《しゅっけがくどう》

第一図につづき、九歳の親鸞聖人が出家得度された場面です。この第二図は、慈円僧正《じえんそうじょう》（慈鎮和尚《じちんかしょう》）の僧坊《そうぼう》（僧侶の住まい）の内部を描いたもので、右図が仏殿《ぶつでん》、左図が客殿《きゃくでん》です。

親鸞聖人が出家得度を依頼された慈円僧正は、どのような人物だったのでしょうか。

慈円は、最澄《さいちょう》を開祖とする天台宗《てんだいしゅう》の僧です。関白《かんぱく》・藤原忠通《ふじわらのただみち》の子で、幼い頃から仏道修行を積まれました。

聖人が訪ねられた時、慈円は二十代半ばでしたが、すでに当代一の高僧《こうそう》として崇敬《すうけい》されていました。朝廷《ちょうてい》にも重んじられ、のちには天台宗の大僧正《だいそうじょう》に任ぜられています。また、『愚管抄《ぐかんしょう》』を著した史家《しか》、また歌人としても一流でありました。

第二図は、左から右の順に見ていきます。左図は、聖人と慈円の面談の場面。右図は、聖人が出家得度の式に臨《のぞ》まれる場面です。

京都東山にある慈円僧正の僧坊の内部。仏殿(右図)と客殿(左図)に分けられます。第一図に続き、ここにも満開の桜が見られます。

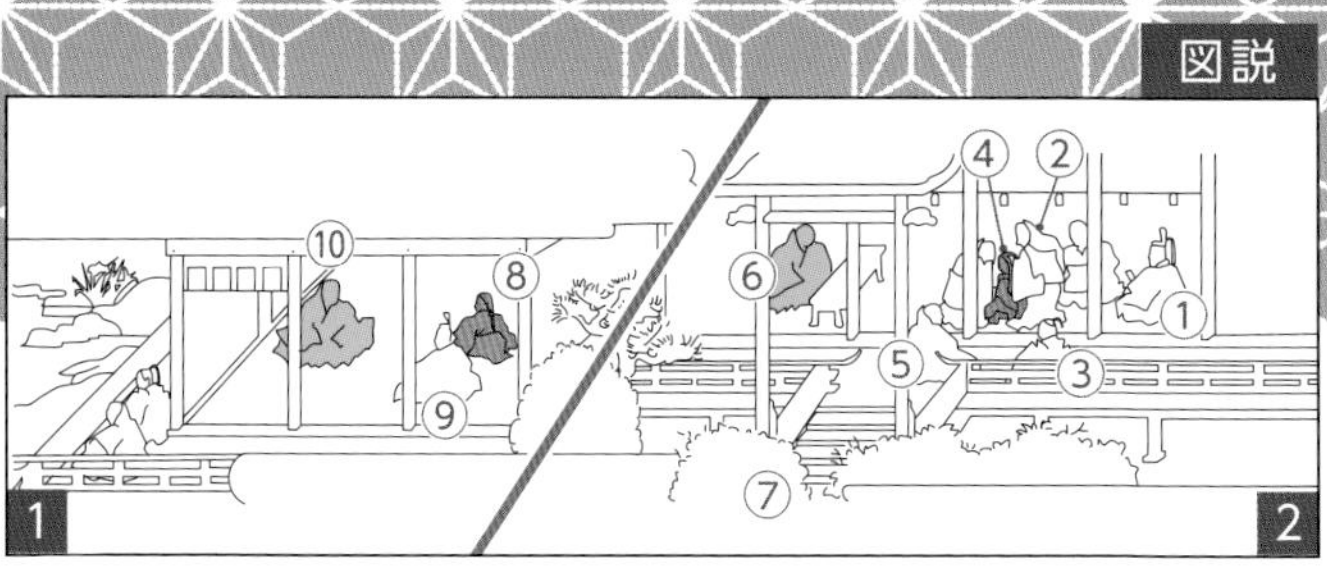


右図【仏殿】
① 日野範綱《ひののりつな》
② 聖人の髪を剃る権智房《ごんちぼう》
阿闍梨正範《あじゃりしょうはん》(権智房正範)
③ 稚児《ちご》
④ 出家得度の式に臨まれる
親鸞聖人
⑤ 侍僧
⑥ 慈円僧正
⑦ 満開の桜

左図【客殿】
⑧ 親鸞聖人
⑨ 日野範綱
⑩ 慈円僧正

## 図のここに注目!

### 強く迫《せま》る、幼い親鸞聖人

左図の客殿に注目しましょう。左奥に座っているのが慈円僧正【図説】⑩、右の二人が親鸞聖人【図説】⑧と伯父《おじ》の日野範綱【図説】⑨です。範綱は「この子をお弟子にしてください」と切り出しましたが、慈円は「十五歳までは出家できません。これは規則です」と頑《かたく》なに拒否されました。対して聖人は、こう迫りました。「お坊さまはみな〝明日の命は知れぬもの〟と仰せられます。わたしが十五歳まで生きられると、だれが保証できましょうか。いますぐ出家得度の願いを聞き入れてください」。慈円は返す言葉を失い、聖人の申し出を受け入れました。ただし、「いまは真夜中なので、明日の朝早く、式を執《と》り行いましょう」と、いったん引き返すよう説得されたのです。この時、聖人は「桜」を題材に歌を詠まれました。

### 深める　慈円僧正を唸《うな》らせた歌

親鸞聖人が詠まれたのは、次の歌です。

明日《あす》ありと
　おもうこころの　あだ桜《ざくら》
　　夜半《よわ》に嵐の　吹かぬものかは

歌意は「明日に満開の桜を見ようと思っても、夜中に嵐が吹けば、散《ち》り果《は》てる」というもの。花と同じく、人の命もいつ果てるかわからない。すぐ出家させて欲しい、という聖人の願いがこめられていました。

慈円僧正は唸りました。もとより歌人、歌の心をしかと受けとめたのです。聖人の覚悟のほどを知った慈円は、次の歌を返したといわれています。

この山の　法《のり》の灯《ともしび》　かかぐべし
　末頼《すえたの》もしき　稚児《ちご》の心根《こころね》

「法の灯」とは、仏法のこと。闇《やみ》を照らす灯にたとえています。すぐさま慈円は、弟子たちに得度の準備を命じました。出家者となった聖人は、範宴《はんねん》と呼ばれることになります。

現在、真宗大谷派の得度は、この時の聖人と同じ満九歳をもって許されています。また、聖人が夜に受式された故事にならい、現在も得度の式は閉め切った暗い御堂で行うしきたりになったとも言われています。

御伝鈔

# 第二段　吉《よし》水《みず》入《にゅう》室《しつ》

該当絵：第三図

本文

建仁第三《けんにんだいさん》の暦春《れきはる》のころ　聖人二十九歳《しょうにんにじゅうくさい》　隠遁《いんとん》のこころざしにひかれて、源空聖人《げんくうしょうにん》の吉水《よしみず》の禅《ぜん》房《ぼう》に尋《たず》ね参《まい》りたまいき。是《これ》すなわち、世《よ》くだり人《ひと》つたなくして、難行《なんぎょう》の小路《しょうろ》まよいやすきによりて、易行《いぎょう》の大道《だいどう》におもむかんとなり。真宗紹隆《しんしゅうじょうりゅう》の大祖聖人《たいそしょうにん》、ことに宗《しゅう》の淵源《えんげん》をつくし、教《きょう》の理致《りち》をきわめて、これをのべ給《たも》うに、たちどころに他力摂生《たりきせっしょう》の旨趣《ししゅ》を受得《じゅとく》し、飽《あく》まで、凡夫《ぼんぶ》直入《じきにゅう》の真心《しんじん》を決定《けつじょう》し、ましましけり。

試訳

建仁《けんにん》三年の春、範宴《はんねん》という名の比叡山の行者《ぎょうじゃ》、後の親鸞聖人は二十九歳でありましたが、山の修行に疑問を抱かれ、吉水《よしみず》の法然房源空聖人《ほうねんぼうげんくうしょうにん》の御庵室《ごあんじつ》をお尋ねになりました。これは、末法《まっぽう》の世、凡夫《ぼんぶ》には難行《なんぎょう》・自力《じりき》の修行が適《かな》わなくなったことを身をもってご体得《たいとく》なされ、易行道《いぎょうどう》こそが自身の進む道である、と確信なされたからであります。

真宗を明らかになされた法然房源空聖人は、とりわけ生き方ということを中心に、釈尊《しゃくそん》の教えの中核である本願念仏を明確にお示しくだされましたので、後の親鸞聖人は、そのまま他力《たりき》の教えに入られ、善信房綽空《ぜんしんぼうしゃくくう》というお名前と共に、末法の世の凡夫のまことの生き方をいただかれたのでありました。

## 本当は何年？ どちらが先？

第二段本文冒頭に、「建仁第三の暦春のころ　聖人二十九歳」とあり、次の第三段の冒頭には「建仁三年　辛酉　四月五日」と記されています。しかし、親鸞聖人二十九歳の年が建仁《けんにん》元年であることは歴史的事実であり、「辛酉《かのとのとり》」は間違いなく建仁元年にあたります。この傍点を付した部分の記述の矛盾に関しては諸説ありますが、覚如上人の誤記であるとも考えられています。

また史実では、親鸞聖人は六角堂に参籠された時に観世音菩薩の夢のお告げをいただかれ、法然上人の門に入る決意をなされました。よって、「吉水入室」と「六角夢想」は同じ年「建仁元年」の出来事で、順序としては「六角夢想」→「吉水入室」と考えられています。

終生の師・法然上人との出遇い

御絵伝

# 第三図　吉水入室《よしみずにゅうしつ》

出家得度《しゅっけとくど》から、二十年の歳月が過ぎました。鎌倉幕府が成立して間もない建仁元《けんにん》（一二〇一）年春のことです。

二十九歳になられた親鸞聖人は、専修念仏《せんじゅねんぶつ》の教えを説かれていた吉水《よしみず》（京都東山）の法然上人《ほうねんしょうにん》の御庵室《ごあんじつ》を訪ねられました。

九歳で出家得度された親鸞聖人は、比叡山延暦寺《ひえいざんえんりゃくじ》に入られました。『親鸞聖人伝絵』では省略されていますが、範宴少納言公《はんねんしょうなごんのきみ》という名で、二十年の間、天台宗《てんだいしゅう》の総本山で修行を積まれたのです。しかし、悟りを求めようとすればするほど、聖人は現実との乖離《かいり》に苦しまれるようになりました。比叡山での難行《なんぎょう》は、民衆の苦しみとは縁遠くなっているのではないか。聖人は迷いの雲を払うことができませんでした。

悩みぬいた末、聖人は比叡山を下りる決断をされます。そして、「末法相応《まっぽうそうおう》の仏法」、「本願《ほんがん》念仏」を説かれる法然上人の御庵室を訪ねられたのです。

法然上人の御庵室。訪問の場面（右図）と対面の場面（左図）に分けられます。

右図【訪問】
① 親鸞聖人が乗ってこられた輿《こし》
② 親鸞聖人のお供《とも》
③ 御庵室の門をくぐられた親鸞聖人
④ 満開の花

左図【対面】
⑤ 親鸞聖人
⑥ 法然上人
⑦ 善恵房証空《ぜんねぼうしょうくう》（浄土宗西山派の祖）といわれる
⑧ 鴛鴦《おしどり》（法然上人の象徴）
⑨ 鴛鴦（親鸞聖人の象徴）

## 図のここに注目!

### 1 厳しい修行を示唆《しさ》

右図には、親鸞聖人【図説】③とお供《とも》の姿【図説】②が描かれています。比叡山を下山された聖人ですが、僧都《そうず》の衣体《えたい》を召されていること、六人のお供を従えておられること、また門前に乗ってこられた輿《こし》【図説】①が据《す》えられていることなどから、比叡山における聖人の修行が、万人に認められる厳しいものであったことがうかがえます。

### 2 池の鴛鴦《おしどり》は何を表している?

左図には、親鸞聖人の御姿と教えを説く法然上人の御姿が描かれています。終生変わらず強く結ばれた師弟が初めて面会された場面です。

注目すべきは、庭に描かれている池と鴛鴦です。池の水は本願念仏のみ教えを表しています。水面を泳ぐ鴛鴦【図説】⑧は法然上人を、いまにも池に飛び込もうとしている鴛鴦【図説】⑨は親鸞聖人を表しています。

### 深める 法然上人の問答

親鸞聖人が法然上人のもとを訪ねられた理由は何でしょうか。

聖人と同じように、法然上人は比叡山で修行を積まれましたが、聖人と同じく、その教えに疑問を持ち、下山されていたのでした。

文治《ぶんじ》二（一一八六）年、法然上人は延暦寺の学僧《がくそう》であった顕真《けんしん》から、浄土の教義を巡る問答に招かれました。後に大原《おおはら》問答《もんどう》（大原談義《だんぎ》）と呼ばれるこの問答で、法然上人は本願念仏の実践とその功徳《くどく》を説き、居並ぶ高僧《こうそう》たちの質問にも鋭く切り返したのです。これに多くの聴衆が感服し、法然上人の名は揺るぎないものになりました。

旧仏教に屈しない法然上人の名声は、聖人の耳にも届いていました。聖人が法然上人の門戸を叩かれるのは、必定。もはや自然のなりゆきだったのでしょう。

本文

御伝鈔

# 第三段　六角《ろっかく》夢想《むそう》

該当絵：第四図

建仁三年《けんにんさんねん》 辛酉《かのとのとり》 四月五日夜寅時《しがついつかのひのよとらのとき》、聖人夢想《しょうにんむそう》の告《つげ》ましましき。彼《か》の『記《き》』にいわく、六角《ろっかく》堂《どう》の救世菩薩《くせぼさつ》、顔容端厳《げんようたんごん》の聖僧《しょうそう》の形《かたち》を示現《じげん》して、白衲《びゃくのう》の袈裟《けさ》を着服《ちゃくぶく》せしめ、広大《こうだい》の白蓮華《びゃくれんげ》に端《たん》坐《ざ》して、善信《ぜんしん》に告命《ごうみょう》してのたまわく、「行者宿報設女犯《ぎょうじゃしゅくほうせつにょぼん》 我成玉女身被犯《がじょうぎょくにょしんぴぼん》 一生之間能荘厳《いっしょうしけんのうしょうごん》 臨終引導生極楽《りんじゅういんどうしょうごくらく》」文。救世菩薩《くせぼさつ》、善信《ぜんしん》にのたまわく、「此《これ》は是我《これわ》が誓願《せいがん》なり、善信《ぜんしん》この誓願《せいがん》の旨趣《ししゅ》を宣説《せんぜつ》して、一切群生《いっさいぐんじょう》にきかしむべし」と云々《うんぬん》 爾時《そのとき》、夢中《ゆめのうち》にありながら、御堂《みどう》の正面《しょうめん》にして、東方《とうぼう》をみれば峨々《がが》たる岳山《がくさん》あり、その高山《こうざん》に数千万億《すせんまんのく》の有情群集《うじょうくんじゅ》せりとみゆ。そのとき告命《ごうみょう》のごとく、此《こ》の文《もん》のこころを、かの山《やま》にあつまれる有情《うじょう》に対《たい》して、説《と》ききかしめおわるとおぼえて、夢悟《ゆめさめ》おわりぬと云々《うんぬん》 倩此《つらつらこ》の記録《きろく》を披《ひら》きて彼《か》の夢想《むそう》を案《あん》ずるに、ひとえに真宗《しんしゅう》繁昌《はんじょう》の奇瑞《きずい》、念仏弘興《ねんぶつぐこう》の表示《ひょうじ》なり。しかれば聖人《しょうにん》、後《のち》の時《とき》おおせられてのたまわく、仏教《ぶっきょう》むかし西天《さいてん》より興《おこ》りて、経論《きょうろん》いま東土《とうど》に伝《つた》わる。是偏《これひとえ》に上宮太子《じょうぐうたいし》の広徳《こうとく》、山《やま》よりもたかく海《うみ》よりもふかし。吾朝《わがちょう》、欽明天皇《きんめいてんのう》の御宇《ぎょう》に、これをわたされしによりて、すなわち浄土《じょうど》の正依経論等《しょうえきょうろんとう》、此《こ》の時《とき》に来至《らいし》す。儲君《ちょくん》もし厚恩《こうおん》をほどこしたまわずは、凡愚《ぼんぐ》いかでか弘誓《ぐぜい》にあうことを得《え》ん。救世菩薩《くせぼさつ》はすなわち儲君《ちょくん》の本地《ほんじ》なれば、垂迹興法《すいしゃくこうぼう》の願《がん》をあらわさんがために、本地《ほんじ》の尊容《そんよう》をしめすところなり。そもそもまた、大師聖人《だいししょうにん》 源空《げんくう》 もし流刑《るけい》に処《しょ》せられたまわずは、われまた配所《はいしょ》に赴《おもむ》かんや、もしわれ配所《はいしょ》におもむかずは、何《なに》によりてか辺鄙《へんぴ》の群類《ぐんるい》を化《け》せん、これ猶《なお》師教《しきょう》の恩致《おんち》なり。大師聖人《だいししょうにん》すなわち勢至《せいし》の化身《けしん》、太子《たいし》また観音《かんのん》の垂跡《すいしゃく》なり。このゆえにわれ二菩薩《にぼさつ》の引導《いんどう》に順《じゅん》じて如来《にょらい》の本願《ほんがん》をひろむるにあり。真宗茲《しんしゅうこれ》によって興《こう》じ、念仏斯《ねんぶつこれ》によって煽《さかん》なり。是《これ》しかしながら聖者《しょうじゃ》の教誨《きょうけ》によりて、更《さら》に愚昧《ぐまい》の今案《こんあん》をかまえず。かの二大士《にだいじ》の重《じゅう》願《がん》、ただ一仏名《いちぶつみょう》を専念《せんねん》するにたれり。いまの行者《ぎょうじゃ》、あやまりて脇士《きょうじ》に仕《つか》うることなかれ、ただちに本仏《ほんぶつ》をあおぐべしと云々《うんぬん》　かるがゆえに聖人《しょうにん》　親鸞《しんらん》　かたわらに皇太子《こうたいし》を崇《あが》めたまう。蓋《けだし》斯《これ》、仏法弘通《ぶっぽうぐずう》の浩《おおい》なる恩《おん》を謝《しゃ》せんがためなり。

## 試訳

建仁《けんにん》三年の四月六日の明け方、聖人は夢の御告《おつげ》をいただかれました。その夢を記した記録によれば、六角堂《ろっかくどう》の救世菩薩《くせぼさつ》は、まことに端正《たんせい》な僧侶《そうりょ》のお姿で、白い御袈裟《おけさ》をお召しになり、大きな白い蓮の花にお座りになって、善信房《ぜんしんぼう》に告げられました。そのお告げは、

前に跪《ひざまず》いている比叡山の行者よ。そなたは以前からの約束で、女性と契《ちぎ》りを交わす事となるであろう。その時、私はその女性となってその重さを引き受けよう。私は一生涯そなたの側《そば》にいる。そしてこの娑婆《しゃば》の縁終わった時には、必ずいのちの世界に導こう。

というものであります。

重ねて六角堂の救世菩薩が、善信房に仰《おお》せられた言葉は、

今申したことは、私の誓願《せいがん》である。善信房よ、そなたはこの誓願の内容を一切《いっさい》の生きとし生けるものにやさしく説いて聞かせなさい。

と続きました。

その時、夢の中ではありましたが御堂の正面から東の方を見ると、険《けわ》しく高い山がありました。その山に数千万億の人々が群れ集まっているのが見えます。その時、救世菩薩の仰せのように、いただいたお告げの内容をその高山《こうざん》に集まっている人々に対して説き終えた、と思った時に眼が覚めました。

と記録にあります。

あらためて、この記録を披《ひら》いてこの夢の内容を考えますと、これはひとえに真宗の教えが弘まる徴《しるし》であり、本願念仏の教えが力強く興《おこ》る確かな証拠であります。ですから、親鸞聖人は後に、次のように仰せられました。

仏教は昔印度《いんど》に興《おこ》って、経《きょう》・論《ろん》は今この国に伝わっています。これはただただ聖徳太子《しょうとくたいし》の広大な思《おぼ》し召《め》しによるもので、その御恩徳《ごおんどく》の大きさ尊さは山よりも高く海よりも深いものです。

この国の歴史でいえば、欽明《きんめい》天皇の時代に仏法《ぶっぽう》が伝わって来ました。浄土の教えの正依《しょうえ》の経《きょう》、浄土三部経を始め、『浄土論註《ろんちゅう》』などもこの時に渡って来たのです。もし聖徳太子が仏法を弘《ひろ》

めてくださらなかったら、我々はどうして本願《ほんがん》に出遇《であ》うことができたでしょうか。救世菩薩は間違いなく聖徳太子の本地《ほんじ》でありますので、この国に仏法を弘めるという願いを内外に示すために、本地の姿で夢の中にお出ましくだされたのです。

よく考えるに、我師法然房源空聖人《わがしほうねんぼうげんくうしょうにん》が、もし流刑《るけい》にお遭《あ》いにならなければ、私が連座《れんざ》する、ということは無かったはずです。もし私が流刑にならなければ、どうして都から遠く隔《へだ》たった人々に仏法を伝えることができたでしょうか。これすなわち、まことに深い師主知識《ししゅちしき》の御恩徳であります。法然房源空聖人は正《まさ》しく勢至菩薩《せいしぼさつ》の化現《けげん》、聖徳太子はまた観世音菩薩《かんぜおんぼさつ》の化身《けしん》であります。

ですから私の本懐《ほんがい》は、この二菩薩のお示しに導かれて如来の本願をひろめることにあります。真宗は、これによって興り、本願念仏はこれによって盛《さか》んになったのです。ただし、これはただただ二菩薩の教えによるもので、私の考えは全く入っておりません。かの観音・勢至の願いは弥陀《みだ》の誓願《せいがん》・本願念仏にあります。教えをいただく人、まちがえて弥陀如来以外の仏《ぶつ》をいただいてはなりません。まっすぐに、弥陀如来を仰《あお》ぐのがよいのです。

このような次第でありますから、親鸞聖人は、弥陀如来を御本尊《ごほんぞん》とし、傍《かたわ》らに聖徳太子を安置されました。要するにこれは、我が国における聖徳太子の、仏法弘通《ぐづう》の大きな大きな御恩に報謝《ほうしゃ》しようとなされたからであります。

観音《かんのん》さまの夢のお告《つ》げ

御絵伝

# 第四図　六角夢想《ろっかくむそう》

建仁《けんにん》※1三（一二〇三）年四月六日※2、親鸞聖人は参籠《さんろう》中の京都・頂法寺《ちょうほうじ》で、夢のお告《つ》げを受けられました。頂法寺は聖徳太子《しょうとくたいし》ゆかりの寺で、その本堂の形から「六角堂《ろっかくどう》」という名で現在でも親しまれています。

※1 本文（18頁）に合わせています。
※2 寅時が午前3時から5時頃を指すことから「四月六日」としています。

比叡山《ひえいざん》を出られた親鸞聖人は聖徳太子を深く崇敬《すうけい》されていました。そして、太子のお導きを求め、「六角堂」に参籠されたのでした。聖人がお籠《こ》もりになって九十六日目の暁《あかつき》のことです。聖人は夢の中で、観音さまからお告《つ》げ（夢告《むこく》）を聞かれました。観音さまは「肉食妻帯《にくじきさいたい》し、在家《ざいけ》の生活をしなさい。迷うことこそが、真実への道筋ですよ」と説かれました。つまり、末世《まっせ》の衆生《しゅじょう》を救うには、身をもって示さなければならないと諭《さと》されたのです。聖人は、このお告げに導かれて第三図（16・17頁）に描かれているように、法然上人《ほうねんしょうにん》のもとを訪ねられたのです。

## 図説

左図は聖人が夢の中でお告げを聞かれる場面、右図は聖人がその教えを群衆に説かれる場面です。

右図【旨趣宣説《しゅせんぜつ》】
① 岳山《がくさん》
② 数千万億の群衆
③ 親鸞聖人

左図【六角夢想《ろっかくむそう》】
④ 親鸞聖人
⑤ 救世観音《くせかんのん》
⑥ 蓮華《れんげ》
⑦ 奥から、九条兼実《くじょうかねざね》、法然上人、親鸞聖人(三人同夢)
⑧ 松

# 図のここに注目!

## 1 二つの白い蓮華《れんげ》

左図、白装束《しろしょうぞく》の観音さまは真っ白な蓮華を手に持ち、純白の蓮華の上に座っておられます。この二つの蓮華は、何を意味しているのでしょうか。

手にされている蓮華は「往相回向《おうそうえこう》」を表しています。「往相回向」とは、浄土《じょうど》への歩みを成り立たせるはたらきです。乗っておられる蓮華は「還相《げんそう》回向」を表しています。「還相回向」とは浄土《じょうど》に生まれた者が再び迷いの世界に還《かえ》り、衆生《しゅじょう》を教え導くはたらきです。

この二つの回向は別々のものではなく、どちらも阿弥陀如来《あみだにょらい》から賜《たまわ》る(回向される)もの。出家在家を問わず、すべての者に仏道を開く阿弥陀如来のはたらきです。これを観音さまの二つの蓮華で表しているのです。

## 2 三人が同じ夢を

左図の左側には、九条《くじょう》(藤原)兼実《かねざね》、法然上人、親鸞聖人の寝姿【図説】⑦が描かれています。これは、三人が同じ時刻に、同じ夢をご覧になったということを表している、と伝えられます。

なお、兼実はかつて摂政《せっしょう》・関白《かんぱく》として朝廷政治を担っていましたが、この時は出家し、法然上人を師として仏法に帰依《きえ》していました。

## 深める 在家に開かれた教え

親鸞聖人が夢の中で聞かれた観音さまの言葉は、その当時仏教界が大切にしていた戒律《かいりつ》を破ることを意味していました。それは、戒律を守ることのできない在家にも開かれた、法然上人の説かれる教えとも符合《ふごう》しています。

在家の生活のなかで、仏法を聞き開いたとしたら、それこそが末世の衆生のあかりになる―。この観音さまのお告げを、親鸞聖人は感得されました。

右図に目を向けましょう。聖人は遠い東の山に集まった数千万億もの群衆に向かい、観音さまから聞かれた教えをしかと説かれています。説法が終わった時、聖人は夢から覚《さ》められたのでした。

御伝鈔

# 第四段 蓮位夢想《れんにむそう》

該当絵：第五図

本文

建長八歳《けんちょうはちさい》丙辰《ひのえたつ》二月九日《にがつここのかのひの》夜寅時《よとらのとき》、釈蓮位夢想《しゃくのれんにむそう》の告《つげ》に云《い》わく、聖徳太子《しょうとくたいし》、親鸞聖人《しんらんしょうにん》を礼《らい》したてまつりましましてのたまわく、「敬礼大慈阿弥陀仏《きょうらいだいじあみだぶつ》 為妙教流通来生者《いみょうきょうるずうらいしょうじゃ》 五濁悪時悪世界《ごじょくあくじあくせかい》中《じゅう》 決定即得無上覚也《けつじょうそくとくむじょうかくや》。」しかれば祖師聖人《そししょうにん》、弥陀如来《みだにょらい》の化現《けげん》にてましますという事明《ことあき》らかなり。

試訳

建長《けんちょう》八年二月十日の明け方、親鸞聖人の御弟子蓮位《れんに》に夢の御告《おつげ》がございました。

その記録によれば、

聖徳太子が親鸞聖人を礼拝なされての仰せには、

深くお敬《うやま》い申し上げます。貴方こそ大悲《だいひ》の阿弥陀仏。本願念仏を伝えるためにこの末法《まっぽう》五濁《ごじょく》の世にお出ましくだされました。よって、我等《われら》等しく決定《けつじょう》していのちの世界に生まれることができます。まこと有り難きことであります。

このことによって、親鸞聖人が弥陀如来のお働きをお示しくだされる御方《おかた》であるということはあきらかなことであります。

コラム.1

# 覚如上人《かくにょしょうにん》～『親鸞伝絵《しんらんでんね》』の制作者

本願寺第三代・覚如上人は、親鸞聖人が亡くなられた八年後の文永《ぶんえい》七（一二七〇）年に誕生されました。上人は、親鸞聖人の末娘・覚信御房《かくしんごぼう》（覚信尼）の長男・覚恵《かくえ》上人の長男で、親鸞聖人の曾孫《ひまご》にあたります。

覚信御房は文永九（一二七二）年十一月、関東の門弟たちの協力を得て、親鸞聖人の墓所を、京都の鳥辺野《とりべの》の北の地（現在の知恩院《ちおんいん》の東側）から東山《ひがしやま》大谷《おおたに》の地（現在の知恩院山門の北側にある崇泰院《そうたいいん》のあたり）に移し、六角の廟堂《びょうどう》を建立されました。この廟堂を守護するために「留守職《るすしき》」を置き、覚信御房がその初代の役に就かれました。

覚信御房が亡くなられた後、覚恵上人が留守職に就かれますが、その職をめぐって紛争《ふんそう》が起こり、最終的にはこの大谷の地の領家《りょうけ》である青蓮院《しょうれんいん》の裁決により、覚如上人が後継されました。

留守職に就かれた覚如上人は、大谷の廟堂を寺院（本願寺《ほんがんじ》）に改め、今日の本願寺教団の基盤をつくられました。

また上人は、現在の報恩《ほうおん》講《こう》の基礎となる『報恩講式《しき》』や、初の親鸞聖人伝記といえる『本願寺聖人伝絵』を制作され、『口伝鈔《くでんしょう》』や『改邪鈔《がいじゃしょう》』など多くの著作も残されています。生涯を親鸞聖人の教えを後に伝えるために尽くし、観応《かんおう》二（一三五一）年一月十九日、八十二歳で還浄されました。

覚如上人像（東本願寺蔵）

聖徳太子の合掌礼拝

# 御絵伝 第五図 蓮位《れんに》夢想《むそう》

建長《けんちょう》八（一二五六）年、二月十日のこと。親鸞聖人のお弟子、蓮位《れんに》が夢のお告《つ》げを受けました。蓮位の夢枕《ゆめまくら》に現れたのは、聖人に向かって合掌礼拝《がっしょうらいはい》をされる聖徳太子《しょうとくたいし》の御姿でした。

蓮位の夢の中で聖徳太子は、親鸞聖人に手を合わせながら、このように言われたと伝えられます。

「貴方《あなた》こそ、阿弥陀如来《あみだにょらい》であられます。この濁《にご》り汚れた世界によくぞお出ましくださいました。本願念仏《ほんがんねんぶつ》の真実の教えを伝えるため、聖徳太子は観音さまの仮の姿。聖人がまさに、阿弥陀如来の化現《けげん》（阿弥陀如来のおはたらきをお示しくださった方）であることを示す夢でした。

この時、親鸞聖人は八十四歳。第四図（22・23頁）から五十年余りの時が経っており、戸惑われるかもしれません。しかし、「御絵伝」の目的は聖人の御一生をたどりつつ、聖人が身をもって示された教えを説くことであるため、しばしば時系列から離れることがあるのです。

蓮位の夢告の場面。右図には、第四図「六角夢想」から続く群衆の姿が見えます。

図説

右図
① 岳山《がくさん》
② 数千万億の群衆
③ 松

左図
④ 蓮位
⑤ 聖徳太子
⑥ 親鸞聖人
⑦ 鹿の絵

## 図のここに注目！

### 正装の聖徳太子

左図の奥で横になっているのが蓮位【図説】④、手前中央でお立ちになっているのが親鸞聖人【図説】⑥です。聖人に向かい、合掌礼拝をされているのが聖徳太子【図説】⑤です。

ひときわ目を引くのが、聖徳太子の色鮮やかな衣。黄丹《おうに》という色の装束です。黄丹は皇太子が儀式の際に用いる衣の色で、この色は皇太子しか着用できない禁《きん》色《じき》でした。そのような正装で、聖徳太子は聖人に手を合わせられたのです。

## 深める　出家を決意されたわけ

### 1 蓮位の疑い

蓮位はもとは、常陸国《ひたちのくに》（茨城県）の下《しも》間宗重《つまむねしげ》という侍《さむらい》でした。ある争いのもつれから、朝廷に背いたとされ、三条河《さんじょうが》原《わら》（京都）で首をはねられそうになったところ、親鸞聖人によって助けられたと伝えられます。

一方で蓮位は、命の恩人でもある聖人にわずかながら疑いの目を向けていました。聖人はすでに八十四歳、病と無縁であることは難《かた》く、蓮位の目には「阿弥陀如来の化現とも思われるが、そうでないようにも思える」と映っていたのでしょう。

それから間もなく、蓮位はこの不思議な夢を見たのです。そして、蓮位の聖人への疑いはすっかり晴れたのでした。

### 2 聖徳太子と親鸞聖人

親鸞聖人は聖徳太子を大変尊敬され、太子を讃《たた》える和讃《わさん》（歌）を多くつくられています。その和讃の中で聖人は聖徳太子を「和国《わこく》の教主《きょうしゅ》」と呼び、日本仏教の祖であると讃仰《さんごう》されているのです。

聖徳太子は親鸞聖人より約六百年前、敏達《びたつ》三（五七四）年に用明《ようめい》天皇の皇子として誕生されました。そして仏教を旨《むね》とした社会をめざされましたが、太子自身は在家《ざいけ》のままで深く仏教に帰依《きえ》しておられたのです。親鸞聖人はそのような聖徳太子の姿に、出家中心の仏教とは異なる、新しい仏教のあり方を見出されたのでしょう。

本文

御伝鈔

# 第五段 選択付属《せんじゃくふぞく》

該当絵：第六図

黒谷《くろだに》の先徳《せんどく》 源空《げんくう》 在世《ざいせ》のむかし、矜哀《こうあい》の余《あま》り、ある時《とき》は恩許《おんきょ》を蒙《かぶ》りて製作《せいさく》を見写《けんしゃ》し、或時《あるとき》は真筆《しんぴつ》を降《くだ》して名字《みょうじ》を書賜《かきたま》わす、すなわち『顕浄土方便化身土文類《けんじょうどほうべんけしんどもんるい》』の六《ろく》に云《のたま》わく 親鸞聖人《しんらんしょうにん》選述《せんじゅつ》「然《しか》るに愚禿釈《ぐとくしゃく》の鸞《らん》、建仁《けんにん》 辛酉《かのとのとり》 暦《のれき》、雑行《ぞうぎょう》を棄《す》てて本願《ほんがん》に帰《き》し、元久《げんきゅう》 乙丑《きのとのうし》 歳《のとし》、恩《おん》恕《じょ》を蒙《かぶ》りて『選択《せんじゃく》』を書《しょ》しき、同《おな》じき年初夏中旬第四日《としそかちゅうじゅんだいしにち》、『選択本願念仏集《せんじゃくほんがんねんぶつしゅう》』の内題《ないだい》の字《じ》、ならびに南無阿弥陀仏《なむあみだぶつ》、往生之業念仏《おうじょうのごうねんぶつ》を本《ほん》となすと、釈《しゃく》の綽空《しゃくくう》と、空《くう》の真筆《しんぴつ》をもって之《これ》を書《か》かしめたまい、同《おな》じき日《ひ》、空《くう》の真影申《しんねいもう》し預《あずか》り、図画《ずが》し奉《たてまつ》る、同二年《どうにねん》、閏七月下旬第九日《うるうしちがつげじゅんだいくにち》、真影《しんねい》の銘《めい》は真筆《しんぴつ》を以《もっ》て南無阿弥陀仏《なむあみだぶつ》と若我成仏十方衆生《にゃくがじょうぶつじっぽうしゅじょう》 称我名号下至十声《しょうがみょうごうげしじっしょう》 若不生者不取正覚《にゃくふしょうじゃふしゅしょうがく》 彼仏今現在成仏《ひぶっこんげんざいじょうぶつ》 当知本誓重願不虚《とうちほんぜいじゅうがんふこ》 衆生称念必得往生《しゅじょうしょうねんひっとくおうじょう》の真文《しんもん》とを書《か》か令《し》めたまいき、又夢《またゆめ》の告《つげ》に依《よっ》て、綽空《しゃくくう》の字《じ》を改《あらた》めて、同《おな》じき日《ひ》、御筆《ごひつ》を以《もっ》て、名《な》の字《じ》を書《か》か令《し》めたまい訖《おわ》ぬ、本師《ほんじ》聖人《しょうにん》、今年七旬三御歳《こんねんしちじゅんさんのおんとし》なり。『選択本願念仏集《せんじゃくほんがんねんぶつしゅう》』は、 禅定博陸《ぜんじょうはくりく》 月輪殿兼実《つきわどのかねざね》、法名円照《ほうみょうえんしょう》 の教命《こうめい》によって、選集《せんじゅう》せしめたまうところなり。真宗《しんしゅう》の簡要《かんよう》、念仏《ねんぶつ》の奥義《おうぎ》、これに摂在《しょうざい》せり、見《み》る者《もの》諭《さと》り易《やす》し、誠《まこと》にこれ、希有最勝《けうさいしょう》の華文《かもん》、無上甚深《むじょうじんじん》の宝典《ほうでん》なり。年《とし》を渉《わた》り日《ひ》を渉《わた》り、その教誨《きょうけ》を蒙《かぶ》るの人《ひと》、千万《せんまん》なりといえども、親《しん》といい疎《そ》といい、この見写《けんしゃ》を獲《う》るの徒《ともがら》はなはだもって難《かた》し、しかるにすでに製作《せいさく》を書写《しょしゃ》し、真影《しんねい》を図画《ずが》したてまつる、これ専念正業《せんねんしょうごう》の徳《とく》なり、これ決定往生《けつじょうおうじょう》の徴《しるし》なり、よって悲喜《ひき》の涙《なみだ》をおさえて、由来《ゆらい》の縁《えん》をしるす」と云々《うんぬん》

試訳

現在はもう既《すで》に浄土に還帰《げんき》しておられる黒谷《くろだに》のお師匠様、すなわち法然房源空聖人《ほうねんぼうげんくうしょうにん》が、まだこの世におられました頃、とりわけて私にお心をかけてくだされ、ある時には有難くもお許しの許《もと》に御著書《ちょしょ》を写させていただき、ある時には御自ら筆を執《と》って私の名を書き記してくだされました。

と、親鸞聖人は記しておられます。これは、親鸞聖人が書き表されました大切な御著書『顕浄土《けんじょうど》方便化身土文類《ほうべんけしんどもんるい》　六』の後序《ごじょ》にあります。

このような次第で、愚《おろ》かで髪の毛が抜け落ちてしまった仏弟子《ぶつでし》親鸞は建仁《けんにん》元年、一切《いっさい》の雑《ぞう》行《ぎょう》を棄《す》てて本願念仏の道に入りました。元久《げんきゅう》二年、まことに深い御恩徳をいただいて、『選択《せんじゃく》本願《ほんがん》念仏集』を写すお許しを賜《たまわ》りました。同じ歳の四月十四日、『選択集《せんじゃくしゅう》』を写し終えましたので、原本《げんぽん》・写本《しゃほん》揃えてお師匠様の所へ持参いたしましたところ、私の書写いたしました『選択本願念仏集』の内題《ないだい》と、南無阿弥陀仏往生之業念仏為本《なむあみだぶつおうじょうしごうねんぶついほん》の一文、そして私の名 釈綽空《しゃくのしゃくくう》と、合計二十四字を御自ら筆を執って書いてくださいました。さらに同日、お師匠様の御真影《ごしんねい》をお預かり申し、写させていただくこととなり、元久《げんきゅう》二年七月二十九日に出来上がりました。

その御真影《ごしんねい》にお師匠様は直々に、

南無阿弥陀仏　若我成仏　十方衆生　称我名号　下至十声　若不生者　不取正覚
彼仏今現在成仏　当知本誓重願不虚　衆生称念必得往生

と、銘《めい》を記してくだされたのです。さらに夢の告げによって、私の名綽空を改め、同日御筆をもって親鸞と記してくださいました。

お師匠様の法然房源空聖人は今年七十三歳であります。『選択本願念仏集』は、出家なされた関白《かんぱく》すなわち月輪兼実《つきのわかねざね》公の願いによって源空聖人が選集《せんじゅう》なされたもので、真宗の教えの要点、本願念仏の本義《ほんぎ》がこの中に記されている、実にわかりやすい書物です。まことにこれは貴重なそしてことに優れた書物であり、これ以上のものはなく、これより深いものはないという仏法の宝典《ほうてん》であります。長い年月を経《へ》て、法然房源空聖人の教化をいただかれた御方は幾千万とおられますが、聖人に近い人遠い人とりまぜてこの『選択本願念仏集』の書写を許されることはまことに難しいのです。にもかかわらず、私はすでに御著書の書写を許され、御真影《ごしんねい》を図画《ずが》することまで許されました。これは、専修《せんじゅ》念仏に帰《き》した徳《とく》であります。またこれは、必ず往生を遂《と》げるということの徴《しるし》であります。よって、まことに深い嬉しさと計り知れない慶びの涙を湛《たた》えながら、私がこのご縁に遇《あ》わせていただいた経過をここに記しておきます。

コラム.2

# 『本願寺聖人伝絵《ほんがんじしょうにんでんね》』（康永本《こうえいぼん》）

覚如上人《かくにょしょうにん》（25頁参照）は、曾祖父にあたる親鸞聖人を讃《たた》え、その教えとご生涯を広く世に伝えたいと常に願っておられました。

上人が『報恩講式《ほうおんこうしき》』を制作された翌年（一二九五年）二十六歳の時、親鸞聖人の伝記を記した、上下二巻の絵巻物を制作されました。これが最初の『親鸞伝絵《でんね》』で、文は覚如上人が執筆され、絵は親鸞聖人の直弟西仏房《さいぶつぼう》の子とも孫とも伝えられる、信州康《こう》楽寺《らくじ》の浄賀法眼《じょうがほうげん》が描きました。残念ながらこの初稿本《しょこうぼん》は、四十年ほど後の建武《けんむ》三（一三三六）年、足利尊氏《あしかがたかうじ》が京都攻めをした時に本願寺と共に炎上し焼失してしまいます。

この初稿本が完成した二ヵ月後に、覚如上人は少し改訂した「高田専修寺本《せんじゅじぼん》」を制作されますが、これが現存する最古の『親鸞伝絵』です。続いて、かなり後になりますが、上巻《じょうかん》に「入西房鑑察の段《にゅうさいぼうかんざつ》」（第八段）を加えた「西本願寺本」が完成します。

さらに康永《こうえい》二（一三四三）年、上人七十四歳の時、「蓮《れん》位夢想《にむそう》の段」（上巻第五段）を加えた「康永本」が制作されました。この康永本の絵は、浄賀法眼の子の円寂《えんじゃく》とその弟子である宗舜《そうしゅん》が描いています。康永本は真宗大谷派（東本願寺）が所蔵しており、『親鸞伝絵』の完成本として重視され、重要文化財に指定されています。

『本願寺聖人伝絵』康永本（東本願寺蔵）

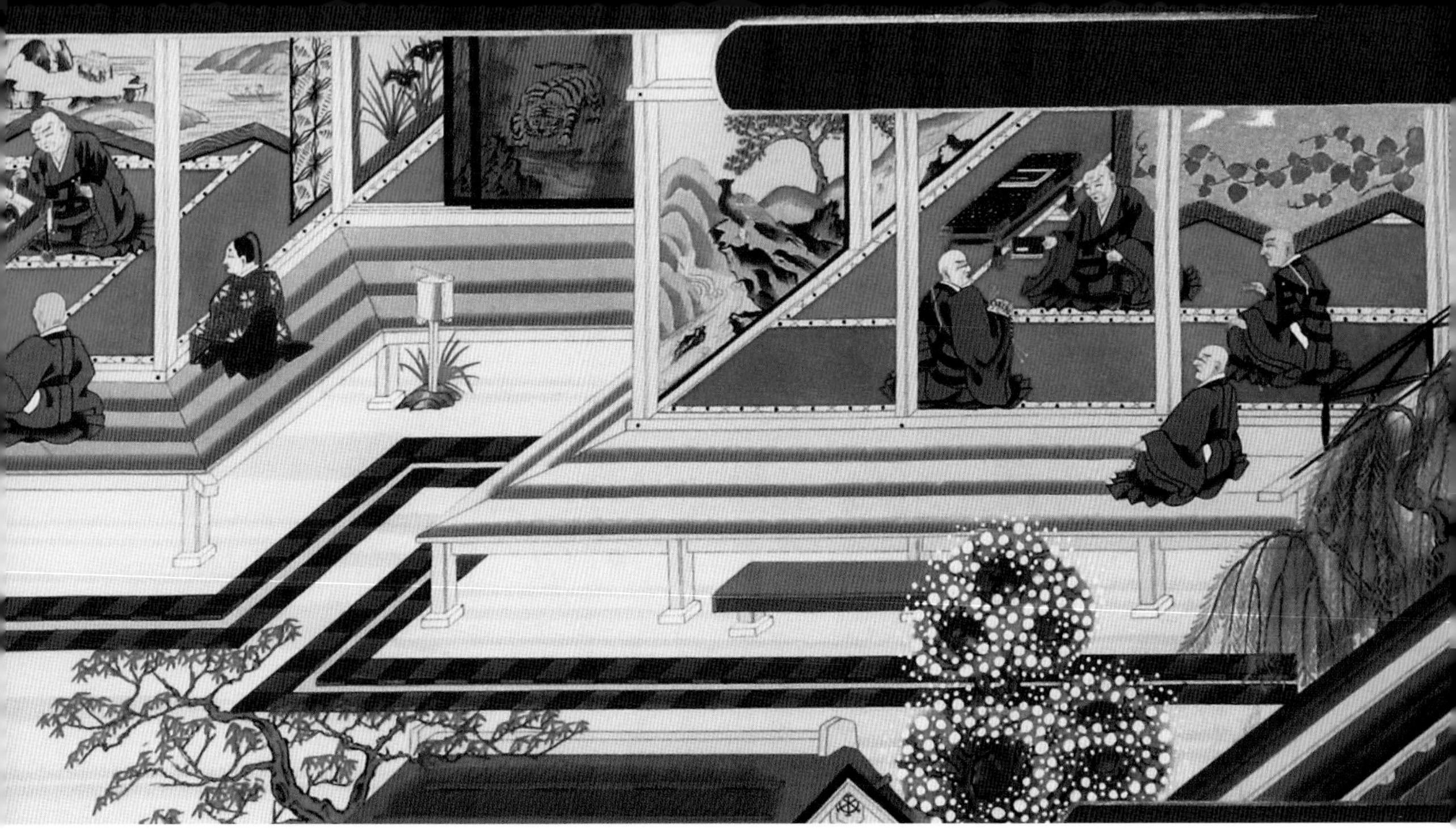

生涯忘れられない感動

御絵伝

# 第六図　選択付属《せんじゃくふぞく》

元久《げんきゅう》二（一二〇五）年、親鸞聖人に格別の喜びがもたらされました。尊敬する師、法《ほう》然上人《ねんしょうにん》から『選択本願念仏集《せんじゃくほんがんねんぶつしゅう》』（『選択集《せんじゃくしゅう》』）の書写と、法然上人の肖像画（真影《しんねい》）の図画を許されたのです。この時、親鸞聖人は三十三歳、法然上人は七十三歳でした。

右図は完成した『選択集』の写本《しゃほん》に、法然上人が書題と当時の親鸞聖人の名「釈綽空《しゃくしゃくくう》」を書いておられる場面です。『選択集』は法然上人が真実の教え、本願念仏の肝要を説かれた書ですが、その書写を許されたのは、法然上人の弟子のなかでもわずか数人だったと伝えられています。

左図は出来上がった肖像画に、法然上人が銘文《めいもん》（お言葉）と親鸞聖人の名を書いておられる場面です。この時、親鸞聖人は「釈綽空」の名を改め、新たな名※を名のろうとされていました。法然上人は、その新たな名を肖像画に書かれたと伝えられています。

※この時書かれた新たな名について、現在は「善信《ぜんしん》」という説と、「親鸞」という説があります。

法然上人の御庵室。選択付属の場面（右図）と真影銘文の場面（左図）に分けられます。

右図【選択付属】
① 柳
② 念仏房（法然上人の弟子）
③ 正詮房（法然上人の弟子）
④ 法然上人
⑤ 親鸞聖人

左図【真影銘文】
⑥ 手水鉢
⑦ 童
⑧ 念仏房
⑨ 法然上人
⑩ 親鸞聖人
⑪ 姫百合
⑫ 撫子

# 図のここに注目！

## 1 庭の木や草花

右図と左図は、季節が異なります。右図の庭には、柳《やなぎ》【図説】①が描かれています。柳は桜と並んで、春の代表です。

左図は右側から三カ月後。庭には、草花が色濃く描かれています。季節は初夏から初秋。本願念仏の教えが伝わるさまを季節の深まりで表しています。

また、左図の庭には、姫百合《ひめゆり》と撫子《なでしこ》の花【図説】⑪⑫が描かれています。姫百合は法然上人、撫子は親鸞聖人を表しているとされています。この撫子、元は垣根の向こう側にあったもので、法然上人の呼ばれる声に誘われて、垣根の下をかいくぐり、こちら側に咲いたと説かれるものです。この二つの花が咲くさまは、法然上人の教えが間違いなく親鸞聖人に伝えられたということを示しています。

## 2 蓋《ふた》のない手水鉢《ちょうずばち》

図の中央（左図）にある手水鉢《ちょうずばち》【図説】⑥。蓋《ふた》がなく杓《しゃく》が置いてあります。せっかくの教えも、疑いの蓋があっては届きません。ここでは〝疑いの蓋は取れたか、汲み取る杓の用意はできたか〟という、法然上人の親鸞聖人に向けた思いを表しているのでしょう。

## 深める 親鸞聖人の感動

『歎異抄《たんにしょう》』には、親鸞聖人の「たとえ法然上人にだまされて、念仏して地獄に落ちたとしても、少しも後悔はいたしません」というお言葉が伝えられています。法然上人への深い尊敬と信頼のなか、親鸞聖人は法然上人の説かれる本願念仏の教えを、日々の生活において確かめる歩みを続けてゆかれたのです。

また、この図に描かれた場面は、親鸞聖人の主著『教行信証《きょうぎょうしんしょう》』の最後、化身土《けしんど》巻《のまき》の末巻に深い感動をもって記されています。このことからも、この時の感動は生涯忘れられない大きなものであったことがうかがわれます。

御伝鈔

# 第六段 信行両座《しんぎょうりょうざ》

該当絵：第七図

本文

おおよそ源空聖人在生《げんくうしょうにんざいしょう》のいにしえ、他力往生《たりきおうじょう》のむねをひろめ給《たま》いしに、世《よ》あまねくこれにこぞり、人《ひと》ことごとくこれに帰《き》しき。紫禁青宮《しきんせいきゅう》の政《まつりごと》を重《おも》くする砌《みぎり》にも、先《ま》ず黄金樹林《おうごんじゅりん》の蕚《はなぶさ》にこころをかけ、三槐九棘《さんかいきゅうきょく》の道《みち》を正《ただ》しくする家《いえ》にも、直《ただ》ちに四十八願《しじゅうはちがん》の月《つき》をもてあそぶ。しかのみならず、戎狄《じゅてき》の輩《ともがら》、黎民《れいみん》の類《たぐい》、これをあおぎ、これをとうとびずという事《こと》なし。貴賤《きせん》、轅《ながえ》をめぐらし、門前《もんぜん》、市《いち》をなす。常随昵近《じょうずいじっきん》の緇徒《しと》そのかずあり、都《すべ》て三百八十余人《さんびゃくはちじゅうよにん》と云々《うんぬん》しかありといえども、親《まのあたり》その化《け》をうけ、懃《ねんごろ》にその誨《おしえ》を守《まも》る族《やから》、はなはだまれなり。わずかに五六輩《ごりくはい》にだにもたらず。善信聖人或時申《ぜんしんしょうにんあるときもう》したまわく、「予《よ》、難行道《なんぎょうどう》を閣《さしお》きて易行道《いぎょうどう》に移《うつ》り、聖《しょう》道門《どうもん》を遁《のが》れて、浄土門《じょうどもん》に入《い》りしより以来《このかた》、芳命《ほうめい》をこうぶるにあらずよりは、豈出離解脱《あにしゅつりげだつ》の良《ろう》因《いん》を蓄《たくわ》えんや、喜《よろこび》の中《なか》の悦《よろこび》、何事《なにごと》か之《これ》に如《し》かん。しかあるに、同室《どうしつ》の好《よしみ》を結《むす》びてともに一師《いっし》の誨《おしえ》をあおぐともがら、これおおしといえども、真実《しんじつ》に報土得生《ほうどとくしょう》の信心《しんじん》を成《じょう》じたらんこと、自他《じた》おなじくしりがたし。かるがゆえに、且《かつ》は当来《とうらい》の親友《しんぬ》たるほどをもしり、且《かつ》は浮生《ふしょう》の思出《おもいで》ともし侍《はんべ》らんがために、御弟子参集《おんでしさんじゅう》の砌《みぎり》にして、出言《しゅつごん》つこうまつりて、面々《めんめん》の意趣《いしゅ》をも試《こころ》みんともう所望《しょもう》あり」と云々《うんぬん》 大師聖人《だいししょうにん》のたまわく、「此《こ》の条尤然《じょうもっともしか》るべし、すなわち明日人々来臨《みょうにちひとびとらいりん》のとき、おおせられいだすべし」と。しかるに翌日集会《よくじつしゅうえ》のところに、聖人《しょうにん》親鸞《しんらん》のたまわく、「今日《きょう》は信不退《しんふたい》・行不退《ぎょうふたい》の御座《みざ》を、両方《りょうほう》にわかたるべきなり。いずれの座《ざ》につきたまうべしとも、おのおの示《しめ》し給《たま》え」と。そのとき三百余人《さんびゃくよにん》の門侶《もんりょ》、みな其《そ》の意《こころ》を得《え》ざる気《き》あり、時《とき》に法印大《ほういんだい》和尚位聖覚《かしょういせいかく》、ならびに釈信空《しゃくのしんくう》　法蓮上人《ほうれんしょうにん》　信不退《しんふたい》の御座《みざ》に着《つ》くべしと云々《うんぬん》　つぎに沙弥法力《しゃみほうりき》熊谷直実入道《くまがいなおざねにゅうどう》　遅参《ちさん》して申《もう》して云《い》わく、「善信御房御執筆何事《ぜんしんのおんぼうごしゅひつなにごと》ぞや」と。善信聖人《ぜんしんしょうにん》のたまわく、「信不退《しんふたい》・行不退《ぎょうふたい》の座《ざ》をわけらるるなり」と。法力坊《ほうりきぼう》申《もう》して云《い》わく、「しからば法力《ほうりき》もるべからず、信不退《しんふたい》の座《ざ》にまいるべし」と云々《うんぬん》　よって、これをかきのせたまう。ここに数百人《すひゃくにん》の門《もん》徒群居《とぐんこ》すといえども、さらに一言《いちごん》をのぶる人《ひと》なし、是恐《これおそ》らくは、自力《じりき》の迷心《めいしん》に拘《かかわ》りて、金剛《こんごう》の真信《しんしん》に昏《くら》きがいたすところか。人《ひと》みな無音《ぶいん》のあいだ執筆聖人自名《しゅひつしょうにんじみょう》をのせたまう、ややしばらくありて、大師聖人仰《だいししょうにんおお》せられて云《のたま》わく、「源空《げんくう》も信不退《しんふたい》の座《ざ》につらなり侍《はんべ》るべし」と、この時《とき》、門葉《もんよう》、あるいは屈敬《くっけい》の気《き》をあらわし、あるいは欝悔《うっけ》の色《いろ》をふくめり。

## 試訳

大きな流れを申しますと、法然房源空聖人がご在世の頃、いのちの世界を目指して生きるまことの人間の生き方を広めてくだされましたので、世はすべてこの教えを尊び、人は残らずこの生き方を大事にいたしました。天皇・皇太子が政《まつりごと》をなされるにもまず浄土の教えを第一に考え、大臣《だいじん》・公卿《くぎょう》が天子《てんし》を補佐する折にも、本願念仏の教えに照らし合わせることを大切になされたのです。貴族の方々ばかりでなく、武士・庶民にいたるまで真宗の教えを仰ぎ、本願念仏の教えを大事にしない人はなかったのです。身分の上下を問わず多くの人が吉水《よしみず》に参上《さんじょう》し、門前はさながら市《いち》の如《ごと》くでありました。

法然房源空聖人の御弟子、お側《そば》近くお仕え申す僧侶の方々は多く、三百八十人余りと伝えられます。しかしながら、直接法然聖人のご教化《きょうけ》を受け、その教えを大切に守る人々はまことに少なく、わずかに五、六人にも足らなかったのです。

善信《ぜんしん》（親鸞）聖人《しょうにん》はあるとき法然聖人に、

私、難行道《なんぎょうどう》を棄《す》てて易行道《いぎょうどう》に移り、聖道門《しょうどうもん》の修行をやめて浄土門《じょうどもん》に入りましてよりこのかた、お師匠様の御教《みおし》えをいただくことがなければ、どうしてこの深い迷いの世界から離れることができたでありましょうか。これは、慶《よろこ》びの中の慶び、何事がこれに勝る慶びでありましょうか。しかしながら、同じ部屋で同じように仏法を聞く御縁を賜り、同じお師匠様の教えを聞かせていただく同輩多くありながら、まことと真実の往生を遂げる信心の御方《おかた》がどの御方であるかわかりません。そこで、一つには浄土への道づれであることを喜び、一つには今生《こんじょう》の思い出とするために、御弟子方々お集まりの時ご提案申し上げて、御方々のご領解《りょうげ》をお伺《うかが》いしたいという望みがございます。

と、申し上げなさいました。

お師匠様法然聖人は、

それはまことに大切なことです。時をおかず、明日人々がここに集まられた時、ご提案なさるとよろしいでしょう。

と仰せられましたので、翌日人々集会《しゅうえ》のところで善信《ぜんしん》（親鸞）聖人が紙と筆とをお執《と》りになって、

本日は、信不退《しんふたい》・行不退《ぎょうふたい》、すなわち賜《たまわ》りたる信心によって往生《おうじょう》を遂げられますか、それとも自らの行《ぎょう》の徳によって往生を遂げられますか、両方の御座《おざ》に分かれていただくことといたします。どちらの御座に着かれるのも自由です。どうぞお着きください。

とおっしゃったのです。これを聞いて三百人余りのご門弟、皆々善信聖人の御発言の意味が解《わか》らない様子でありました。

その時、法印大和尚位聖覚《ほういんだいかしょういせいかく》と釈《しゃく》の信空上人法蓮《しんくうしょうにんほうれん》が、

信不退の座に着きます。

と言われました。そこへ沙弥法力《しゃみほうりき》、この御方はもと熊谷直実《くまがいなおざね》と名告《なの》っておられた武士で、去る一ノ谷の戦いに我が子小次郎直家《こじろうなおいえ》と同年、無冠《むかん》の太夫敦盛《たゆうあつもり》を討《う》って無常を観《かん》じ法然聖人の御許《みもと》で出家なされたのでありますが、集会《しゅうえ》に遅れて参上《さんじょう》しその場の様子を見て、

善信の御房《ごぼう》が筆を執って差配《さはい》しておらるるは何事でありますか。

とお尋ね申します。そこで善信聖人はお静かに、

今、信不退・行不退の二座を分けております。

と答えられました。法力房《ほうりきぼう》は、

ならば法力、別の所へ往《い》くことはできません。信不退の座に参ります。

と申しました。そこで善信聖人が、沙弥《しゃみ》法力の名を信不退に書き載せなさいました。

しかしながら、後の数百人の御門侶《もんりょ》はそこに居《お》らるるだけで全く一言も述べる人はありませんでした。これは恐らく、自力を恃《たの》む迷いの心に惑わされて、末法の今の時凡夫の道が信心にしかない、というところが見えなかったのでありましょう。

すべての人々が無言でおられるので、執筆《しっぴつ》をなされた善信聖人がご自分の御名を信不退に記されました。その後しばらくして大師法然聖人が、

源空も信不退の座につらなりましょう。

と仰せられました。

その時多くの御弟子の方々、ある人は信不退の方々に対して屈服《くっぷく》と尊敬の色を表し、またある人は後悔と立腹《りっぷく》の思いを抱《いだ》いたのでありました。

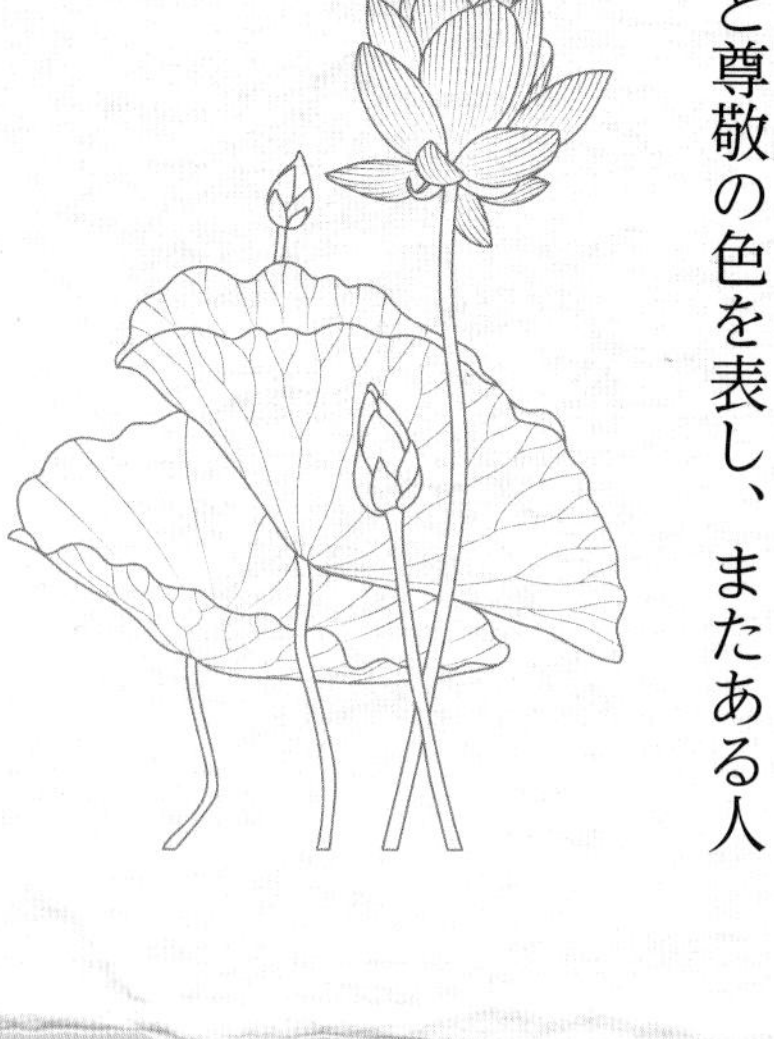

コラム.3

# 生涯の師―法然上人

親鸞聖人の生涯を語るうえで外せないのが浄土宗の宗祖・法然上人の存在です。なぜなら、聖人が「もし法然上人がおられなかったならば、一生涯をむなしく過ごしていただろう」（「高僧和讃」意訳）と言われ、すべての人を救う仏道へと導いてくださった生涯の師と仰がれたからです。また聖人は、「たとえ法然上人にだまされて、念仏を申して地獄に堕ちたとしても、決して後悔はいたしません」（『歎異抄』意訳）とも言われ、この上ない尊敬の念を抱いておられます。

法然上人もまた、弟子である親鸞聖人に絶対の信頼を寄せ、主著『選択本願念仏集（選択集）』の書写と真影（肖像画）の制作を許されました（32頁参照）。

親鸞聖人は二十九歳から三十五歳までの六年間を法然上人の御庵室《ごあんじつ》で過ごされましたが、その間に、聖人の教法理解の優位性を示すエピソードが二つ（信行分判《しんぎょうぶんぱん》と信心《しんじん》諍論《じょうろん》）あります（34～47頁参照）。

そのような信頼関係で結ばれた子弟を切り裂く事件が「承元《じょうげん》の法難《ほうなん》」（54～65頁参照）です。これによって法然上人は讃岐《さぬき》へ、親鸞聖人は越後《えちご》に配流《はいる》となり、その後二人は一生再会されることはありませんでした。

覚如上人は『親鸞伝絵』本文中の法然上人の敬称として、親鸞聖人の著作と同じ表現で「源空《げんくう》聖人」「本師《ほんじ》聖人」等と書いておられます。

法然上人像（東本願寺蔵）

信不退《しんふたい》か、行不退《ぎょうふたい》か

御絵伝

# 第七図　信行分判《しんぎょうぶんばん》

ある時、親鸞聖人は法然上人《ほうねんしょうにん》に一つの提案をなさいました。それは、法然上人の門弟《もんてい》たちが信心《しんじん》をどのように受け取っているのか、確かめるために問いを投げかけたいというものでした。右図は、親鸞聖人が法然上人に進言《しんげん》されている場面。左図は、信心について門弟たちに問いを投げかけておられる場面です。

親鸞聖人の進言を法然上人は受け入れられ、翌日、法然上人の御《ご》庵室《あんじつ》に、三百八十余人もの門弟が集まりました。親鸞聖人は「往生《おうじょう》は信心で定まると受け取っておられる方は信不退《しんふたい》の座に、念仏《ねんぶつ》を称《とな》える行で定まると受け取っておられる方は行不退《ぎょうふたい》の座に着いてください」とお尋ねになったのです。

門弟たちは迷った揚げ句、ほとんどが右側の行不退の座へとなだれ、左側の信不退の座にお座りになったのはわずかでした。聖覚法《せいかくほう》印《いん》、法蓮房信空《ほうれんぼうしんくう》、ついで一《いち》ノ谷《たに》の戦いで「一騎当千《いっきとうせん》」の名を挙げた熊谷直実《くまがいなおざね》。そして、親鸞聖人と法然上人も、信不退の座に着かれました。

法然上人の御庵室。両座進言の場面（右図）と信行分判の場面（左図）に分けられます。

図説

右図【両座進言】
① 法然上人の門弟（聖信房、勢観房、念仏房）
② 法然上人
③ 親鸞聖人

左図【信行分判】
④ 鷲《わし》の襖絵《ふすまえ》
⑤ 行不退を選んだ門弟たち
⑥ 沙弥法力《しゃみほうりき》（熊谷直実）
⑦ 親鸞聖人
⑧ 法然上人
⑨ 聖覚法印
⑩ 法蓮房信空
⑪ 松と藤

## 図のここに注目！

### 1 行不退の鷲《わし》

左図の「信行分判《しんぎょうぶんぱん》」の場面に注目しましょう。行不退の座の奥には、鷲《わし》を描いた襖絵《ふすまえ》【図説】④があります。鷲は猛《もう》禽類《きんるい》の鳥で、ここでは力を頼りとする頑《がん》迷《めい》な心を示しています。法然上人の教えを聞きながらも、聖道自力《しょうどうじりき》から離れられない門弟の姿を表していると伝えられています。

### 2 松と藤《ふじ》

手前の庭には、松と、その松にからむ藤《ふじ》【図説】⑪があります。ここでの松は阿弥陀如来《あみだにょらい》の本願《ほんがん》を、藤は我々凡夫《ぼんぶ》を表していると言われています。

凡夫の藤は頼りとする本願の松がなければ、地べたをはい回り、世間の価値観に埋没してしまう。本願の松のお陰で、凡夫の藤は安心して信心の花を咲かすことができるということを示しています。

また、本願の松も、凡夫の藤が絡んでこそ見事な姿になる。つまり本願の救いの目当てである凡夫が、一切の衆生《しゅじょう》を救う本願を立ち上がらせたということも表しているのです。

### 深める 信不退の問いかけ

信不退の「信」とは信心のこと、行不退の「行」とは念仏を称えることに励むことです。

念仏一つに定まったとしても、念仏を称える自分を立ててしまう、私たちの自力《じりき》の心の根深さを、この場面は象徴的に表しています。

法然上人が信不退の座に着いた時、行不退の座にいた門弟の多くは自身を恥《は》じました。法然上人の御教化《ごきょうけ》をいただいたつもりでいたことの愚《おろ》かさを恥じたのです。

信不退を選ばれたのは、親鸞聖人、法然上人を含めて、わずか五人。私たちは常に、本願念仏の教え、信不退の方向に向いているのだろうか。今回の図は、そう強く問いかけてきます。

本文

御伝鈔

# 第七段　信《しん》心《じん》諍《じょう》論《ろん》

該当絵：第八図

聖人《しょうにん》〈親鸞《しんらん》〉のたまわく、いにしえ我《わ》が本師聖人《ほんじしょうにん》の御前《おんまえ》に、聖信房《しょうしんぼう》、勢観房《せいかんぼう》、念仏房《ねんぶつぼう》已下《いげ》の人々《ひとびと》おおかりし時《とき》、はかりなき諍論《じょうろん》をし侍《はんべ》る事《こと》ありき。そのゆえは「聖人《しょうにん》〈源空《げんくう》〉の御信心《ごしんじん》と、善信《ぜんしん》が信心《しんじん》といささかもかわるところあるべからず、ただ一《ひとつ》なり」と申《もう》したりしに、このひとびととがめていわく、「善信房《ぜんしんぼう》の、聖人《しょうにん》の御信心《ごしんじん》とわが信心《しんじん》とひとしと申《もう》さるる事《こと》いわれなし。いかでかひとしかるべき」と。善信申《ぜんしんもう》して云《い》わく、「などかひとしと申《もう》さざるべきや。そのゆえは、深智博覧《じんちはくらん》にひとしからんとも申《もう》さばこそ、まことにおおけなくもあらめ、往生《おうじょう》の信心《しんじん》にいたりては、一《ひと》たび他力信心《たりきしんじん》のことわりをうけ給《たま》わりしよりこのかた、まったくわたくしなし。しかれば、聖人《しょうにん》の御信心《ごしんじん》も、他力《たりき》よりたまわらせたまう、善信《ぜんしん》が信心《しんじん》も他力《たりき》なり。かるがゆえにひとしくしてかわるところなし、と申《もう》すなり」と、申《もう》し侍《はんべ》りしところに、大師聖人《だいししょうにん》まさしく仰《おお》せられてのたまわく、「信心《しんじん》のかわると申《もう》すは、自力《じりき》の信《しん》にとりての事《こと》なり。すなわち、智恵各別《ちえかくべつ》なるがゆえに、信《しん》また各別《かくべつ》なり。他力《たりき》の信心《しんじん》は、善悪《ぜんあく》の凡夫《ぼんぶ》、ともに仏《ぶつ》のかたよりたまわる信心《しんじん》なれば、源空《げんくう》が信心《しんじん》も、善信房《ぜんしんぼう》の信心《しんじん》も、更《さら》にかわるべからず、ただひとつなり。わがかしこくて信《しん》ずるにあらず。信心《しんじん》のかわりおうておわしまさん人々《ひとびと》は、わがまいらん浄土《じょうど》へはよもまいらせたまわじ。よくよくこころえらるべき事《こと》なり」と云々《うんぬん》　ここに、めんめんしたをまき、くちをとじてやみにけり。

試訳

あるとき親鸞聖人が仰せられました。

昔、私の御師匠様法然聖人の御前に、聖信房《しょうしんぼう》・勢観房《せいかんぼう》・念仏房《ねんぶつぼう》など多くの人々が共々に居られました時、まことに激しい論争をしたことがございました。その理由は、

法然聖人の御信心と私善信《ぜんしん》の信心と、少しも変わるところはありません。ただ一つです。

と申しましたところ、共に居た人々がこれを咎《とが》めて、

善信房が、法然聖人の御信心とご自分の信心とが等しいと言われることには根拠がありません。どうして等しいことがありましょうか。

と言われました。そこで私善信は、

どうして等しいと言わないでおられましょうか。その理由は法然聖人と私、知恵・博《はく》覧《らん》が等しいなどと申せばそれこそ恐れ多いことでありますが、こと往生浄土の信心ということになれば、これは誓願《せいがん》による往生、本願他力の筋道《すじみち》をいただいた信心でありますから、些《いささ》かも私心《ししん》はありません。となれば、法然聖人のご信心も、他力より賜《たまわ》られたものであります。私善信の信心も他力よりいただいたものであります。ですから、まったく同じもので一つのものであります。

と申しましたところ、法然聖人が確かに仰せられて、

信心が変わるというは自力の信心の場合であります。つまり、人それぞれに器量が異

なるので、おきてくる信心もまた違ってくるのです。しかし、他力の信心は、善悪の凡夫ともに弥陀如来より賜《たまわ》る信心でありますから、源空の信心も善信房の信心も全く変わるところはありません。ただ一つです。私が賢くて信心をいただくのではありません。信心がお互いに変わっているという方々は、私が参るであろう浄土へは、まさかいらっしゃることはないでしょう。これはよくよく心得られるべきことであります。

とお示しくださったのです。

ここで同室の方々は、善信房の本願念仏の理解の深さに驚き、口をつぐんで論争は終わりになりました。

コラム.4

# 御絵伝の絵について

「御絵伝」には、舞台となる建物や背景が描かれ、そこに親鸞聖人、法然上人や門下の弟子方、親鸞聖人の門弟たちや民衆等が登場します。さらには、牛や鳥などの動物、木や花などの植物も描かれ、単なる風景ではなくそれぞれに意味をもっています。

まずは親鸞聖人ですが、つり上がった眉毛や頬骨の張ったお顔、襟巻《えりまき》（帽子《もうす》）など、細かい絵ながらも特徴がはっきりと描かれています。法然上人も、ふくよかなお顔と体つきを見れば一目でわかるほどです。

「御絵伝」には全部で二十の図がありますが、なかには親鸞聖人が描かれていない図もあれば、一図の中に聖人が二人も三人も描かれている場合もあります。描かれていない場合は、聖人が建物の中へ入ってしまわれた後（10〜11頁参照）であったり、お輿《こし》に乗っておられる最中の場面（64〜65頁参照）等であるからです。二人三人描かれている場合は「異時同図法《いじどうずほう》」という手法で、異なる場面や動きを表しており、このような事柄は説明がないとわかりません。

写実的な絵と大きく異なる点は、実際にはあるものを描いていないことです。それは、建物の戸や障子です。なかには天井のない家屋もあります。建物の中での様子がわかるように壁や屋根を取り払ってあるのです。また、初幅第二図の親鸞聖人が剃髪を受けられる場面で、灯したろうそくを持っている僧侶がいますが、これは夜であることを表しています。

以上のようなことに注目しながら見ていくと、「御絵伝」をより深く味わえると思います。

親鸞聖人剃髪の場面

法然上人

親鸞聖人

他力《たりき》の信心《しんじん》をめぐる論争

御絵伝

# 第八図　信心諍論《しんじんじょうろん》

この図は「信心諍論《しんじんじょうろん》」の絵図。場面は一つです。ある時、親鸞聖人は同じ法然上人《ほうねんしょうにん》の門弟《もんてい》から厳しく咎《とが》められました。それは、親鸞聖人が「法然上人のご信心と、私の信心は同じである」とおっしゃったからでした。これが激しい論争に発展します。

親鸞聖人の発言に、聖信房《しょうしんぼう》、勢観房《せいかんぼう》、念仏房《ねんぶつぼう》の三人は「法然さまのご信心とあなたの信心とが同じであるはずがない」と立腹し、諍論（正否を問う論争）が始まったのでした。

いつもは穏《おだ》やかな親鸞聖人ですが、この時ばかりは引き下がりません。論争は白熱し、決着がつきません。そこで、法然上人にお裁きを求めることになりました。皆の前に現れた法然上人は次のように言われました。

「信心はただ一つ。だから、私の信心も善信房《ぜんしんぼう》（親鸞聖人）の信心も同じです。別の信心であるというならば同じ浄土《じょうど》には往《ゆ》かれないでしょう」。

法然上人の御庵室。門弟たちが論争する「信心諍論」の場面です。

図説

① 法然上人の門弟
縁《えん》に座すは給仕の僧
② 法然上人
③ 親鸞聖人
④ 法然上人の門弟
(聖信房、勢観房、念仏房)
⑤ 松
⑥ 萩《はぎ》
⑦ 漆《うるし》

## 図のここに注目!
### 赤い漆《うるし》の木

手前の庭に注目しましょう。左右両脇には松が、中央には萩《はぎ》【図説】⑥が見えます。この萩は、秋の時節を表すものです。

その近くには、ひときわ色鮮やかな赤い漆《うるし》の木【図説】⑦が見えます。漆は秋になると、格別に赤くなります。

法然上人の門弟は、三百八十余人を数えていたといいます。このうち親鸞聖人、聖覚法印《せいかくほういん》、熊谷直実《くまがいなおざね》をはじめ、時を得てそれぞれが信を得ていきます。

この図では、秋になり木々が赤く染まっていくことを、各々が信を賜《たまわ》っていくことになぞらえています。

また、いくら法然上人のご教化《きょうけ》をいただいても、それを受け取れない多くの門弟たちを、秋が来ても色の変わらない松にたとえているとも伝えられます。

### 深める　信心は一つ

この図は、浄土真宗における信心の核心を問う場面といっても過言ではありません。

親鸞聖人が、法然上人と自分の信心が同じだと言われたことに対して、他の門弟たちが反発したのは、〝智慧《ちえ》第一〟と言われる法然上人ほどの優れた方と、門弟になって間もない親鸞聖人の信心が同じはずがないと思ったからです。それに対して、親鸞聖人は「法然上人と知恵才覚が同じと言っているのではなく、〝信心〟が同じだ」と言われるのです。

法然上人はこの論争を受けて、「私、法然の信心は、阿弥陀如来《あみだにょらい》よりいただいたものです。善信房(親鸞聖人)の信心も、阿弥陀如来よりいただかれたものです。ですから、ただ一つで同じなのです」と明らかにされました。信心が個人の能力や努力によってつくられるものであれば、救いもそれに応じて差が生まれることになってしまいます。

法然上人が、信心は〝阿弥陀如来からいただいたもの〟つまり、他力であると言われるのは、信心が自らの力をあてにする心によってつくられるものでないこと、そして阿弥陀如来の救いが、すべての人に平等に開かれるということを表しているのです。

法然上人の「これは大事なことですから、よくよく心に刻《きざ》みつけておきなさい」とのお言葉に、信心は人によって変わるものだと考えていた門弟たちは皆、恐れ入るばかりでした。

本文

## 御伝鈔

# 第八段　入西房鑑察《にゅうさいぼうかんざつ》

該当絵：第九図

御弟子入西房《おんでしにゅうさいぼう》、聖人《しょうにん》 親鸞《しんらん》 の真影《しんねい》をうつしたてまつらんとおもうこころざしありて、日来《ひごろ》をふるところに、聖人《しょうにん》そのこころざしあることを鑑《かんが》みて、おおせられてのたまわく、「定禅法橋《じょうぜんほっきょう》 七条辺《しちじょうへん》に居住《きょじゅう》 にうつさしむべし」と。入西房鑑察《にゅうさいぼうかんざつ》のむねを随喜《ずいき》して、すなわちかの法橋《ほっきょう》を召請《ちょうしょう》す、定禅左右《じょうぜんそう》なくまいりぬ。すなわち、尊顔《そんげん》にむかいたてまつりて、申《もう》していわく、「去夜《さんぬるよ》、奇特《きどく》の霊夢《れいむ》をなん感《かん》ずるところなり。その夢中《ゆめのうち》に拝《はい》したてまつるところの聖僧《しょうそう》の面像《めんぞう》、いまむかいたてまつる容貌《ようぼう》、すこしもたがうところなし」といいて、たちまちに随喜感歎《ずいきかんたん》の色《いろ》ふかくして、みずからその夢《ゆめ》をかたる。「貴僧二人来入《きそうににんらいじゅう》す。一人《いちにん》の僧《そう》のたまわく、「この化僧《けそう》の真影《しんねい》をうつさしめんとおもうこころざしあり。ねがわくは禅下筆《ぜんかふで》をくだすべし」と。定禅《じょうぜん》問《と》いていわく、「かの化僧《けそう》たれ人《びと》ぞや。」くだんの僧《そう》いわく、「善光寺《ぜんこうじ》の本願御房《ほんがんのおんぼう》これなり」と。ここに定禅《じょうぜん》たなごころをあわせ、ひざまずきて夢《ゆめ》のうちにおもう様《よう》、さては生身《しょうじん》の弥陀如来《みだにょらい》にこそと、身《み》の毛《け》いよだちて、恭敬尊重《くぎょうそんじゅう》をいたす。また「御《み》ぐしばかりをうつされんにたんぬべし」と云々《うんぬん》 かくのごとく問答往復《もんどうおうふく》して、夢《ゆめ》さめおわりぬ。しかるに、いまこの貴坊《きぼう》にまいりて、みたてまつる尊容《そんよう》、夢中《ゆめのうち》の聖僧《しょうそう》にすこしもたがわず」とて、随喜《ずいき》のあまり涙《なみだ》をながす。「しかれば夢《ゆめ》にまかすべし」とて、いまも御《み》ぐしばかりをうつしたてまつりけり。夢想《むそう》は仁治三年《にんじさんねん》九月廿日《くがつはつか》の夜《よ》なり。つらつらこの奇瑞《きずい》をおもうに、聖人《しょうにん》、弥陀如来《みだにょらい》の来現《らいげん》ということ炳焉《へいえん》なり。

しかればすなわち、弘通《ぐずう》したまう教行《きょうぎょう》、おそらくは弥陀《みだ》の直説《じきせつ》といいつべし。あきらかに無漏《むろ》の恵燈《えとう》をかかげて、とおく濁世《じょくせ》の迷闇《めいあん》をはらし、あまねく甘露《かんろ》の法雨《ほうう》をそそきて、はるかに枯渇《こかつ》の凡悪《ぼんあく》をうるおさんとなり。あおぐべし信《しん》ずべし。

試訳

親鸞聖人の御弟子入西房は、聖人の御真影《ごしんねい》をいただきたいという望みをもっておりましたが、なかなかその機《き》を得ることができませんでした。しかし、聖人はすでにそのことを鑑察《かんざつ》（察《さ》っ）しておられ、入西房に、

七条の辺に定禅法橋《じょうぜんほっきょう》という画家が居りますから、その定禅に写してもらうのがよいでしょう。

と仰せられました。

入西房は、自分の願いを親鸞聖人が鑑察してくだされたことを心から喜び、直ちに定禅法橋を招きました。定禅はすぐに親鸞聖人の御庵室《ごあんじつ》に参上、聖人にお出会いして申しますには、

昨晩、仏にお出会い申すという、まことに得がたい夢をいただきました。その夢の中に拝しました尊いお坊様のお顔お姿と、今お遇い申しております聖人の御顔御姿に少しも違いがございません。

と、心深く感動した様子で、その夢を語りました。定禅法橋は、

向こうから尊いお坊様が二人やって来られました。先なるお坊様が仰《おっしゃ》るには、

こちらの仏の化現《けげん》であるお坊様の御真影をお写し申したく、なろうことならば、貴方に筆を執っていただきたいと思う。

そこで私定禅はお尋ねを申しました。

そちらの仏の化現《けげん》であられるお坊様はどなたでございますか、と。

この問いに対して、先なるお坊様は、

善光寺《ぜんこうじ》の本願の御房《おんぼう》がこの御方であられます。

と仰せられました。ならば、生身《なまみ》の弥陀如来であられるか、と全身の毛が逆立《さかだ》つ思いで丁重なお敬いを申しました。また重ねて、

お顔だけを写していただければそれで十分です。

とのお示しでありました。このような次第で問答数遍《もんどうすうへん》、夢が覚めました。そして今、この御庵室《ごあんじつ》に参上して拝見する親鸞聖人の尊きお姿は、夢の中の御化僧《ごけそう》と全く同じであります。

と申して、慶びの余り涙を流しました。

ならば、夢のお告げに任せましょう、ということでこの時もお顔だけをお写し申し上げたことであります。

この夢想は、仁治《にんじ》三年九月二十一日の明け方でありました。心落ち着けてこのお示しを考えますに、親鸞聖人が弥陀如来の化現《けげん》であることは明らかであります。ならば、親鸞聖人がお教えくだされた本願他力の教え、選択《せんじゃく》本願の念仏行《ねんぶつぎょう》は、間違いなく弥陀如来の直説《じきせつ》であります。

親鸞聖人は、荒れ狂う嵐の夜に、届かない所のない明らかな灯火《ともしび》を掲《かか》げて、まことに遠くまで五《ご》濁《じょく》の闇を晴らし、生きとし生けるもの全てに仏法の慈雨《じう》を注ぎ、はるかかなたにまでうるおいを届けようとしてくだされたのです。共に仰ぎ、共に念仏申しましょう。

画家が見た不思議な夢

御絵伝

# 第九図　入西房鑑察《にゅうさいぼうかんざつ》

仁治《にんじ》三（一二四二）年、親鸞聖人の御弟子・入西房《にゅうさいぼう》は、高齢に達していた親鸞聖人の肖像画（真影《しんねい》）をお元気なうちに残したいと思っていましたが、なかなか言い出せませんでした。すると、このことを察知された親鸞聖人はその願いに応じ、定禅《じょうぜん》という画家を推薦されました。親鸞聖人は、入西房の思いをかねてから知っておられたのです。

右図は、親鸞聖人が、入西房の願いに応じておられる様子を表しています。

親鸞聖人のお言葉に入西房は歓喜《かんぎ》し、その翌日、画家の定禅を伴って再び親鸞聖人の御庵室《ごあんじつ》を訪ねました。この定禅、親鸞聖人のお顔をひと目見るなり、びっくり仰天《ぎょうてん》しました。この時、定禅は七十歳の親鸞聖人に向かい、感涙にむせびながら、こう申したのです。

「昨夜、わたしは不思議な夢を見ました。そこに出てきた阿弥陀《あみだ》如来《にょらい》と親鸞さまのお顔がまったく同じなのでございます」。

定禅は筆をとり、夢のとおりに親鸞聖人のお顔を写しました。左図は、その様子を描いた場面です。

親鸞聖人の御庵室。入西房鑑察の場面（右図）と定禅夢想の場面（左図）に分けられます。

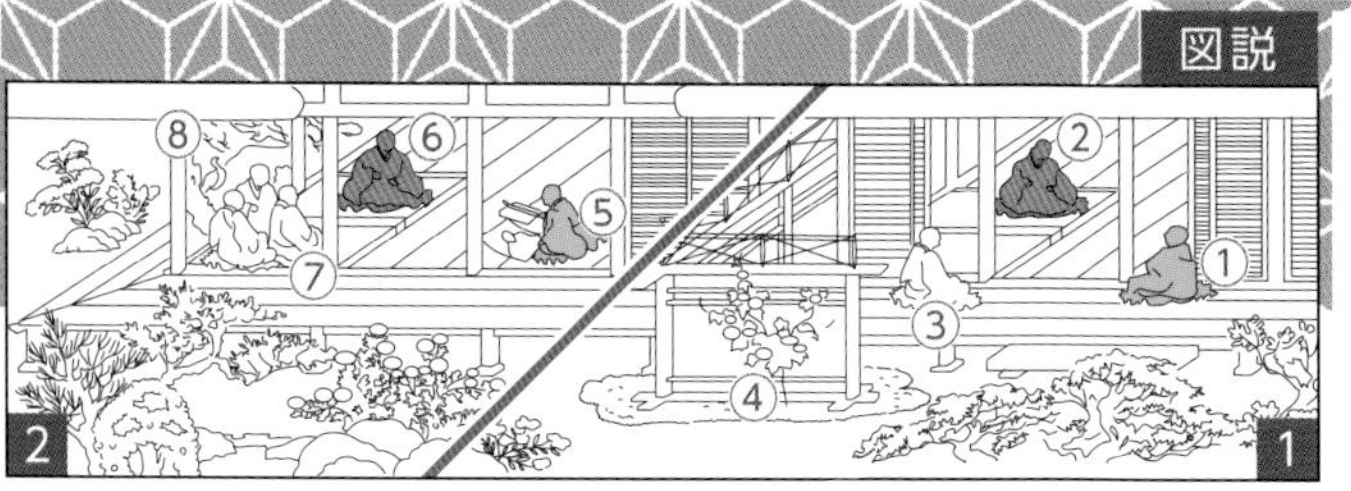


右図【入西房鑑察】
① 入西房
② 親鸞聖人
③ 蓮位房
④ 透垣《すいがい》の朝顔

左図【定禅夢想】
⑤ 定禅
⑥ 親鸞聖人
⑦ 入西房、蓮位房、西仏房
⑧ 松に鶴の壁画

## 図のここに注目！

### 1 透垣《すいがい》の朝顔

右図の「入西房鑑察」に描かれている透垣の朝顔【図説】④は、ご高齢になった親鸞聖人のことをたとえているとされます。明け方に咲き、日中にはしぼむ朝顔の花に、ほどなく浄土にお還《かえ》りになる親鸞聖人のお姿を重ね合わせたのでしょう。

### 2 壁画の松と鶴《つる》

左図の「定禅夢想《むそう》」の壁画に見られる松と鶴【図説】⑧は、親鸞聖人の明らかにされた教えが永く後世にまで伝わっていくことを示しています。

庭には、菊《きく》の花や紅葉《もみじ》が見られ、季節は夏から秋へと移り変わっています。定禅が夢を見たのは、仁治三（一二四二）年九月二十日の夜のことでした。

## 深める

### 1 定禅の夢

定禅は親鸞聖人に、自分の見た夢について、次のように説明しました。

「夢のなかで私のもとに、二人の尊いお坊さまが現れました。その一人がもう一方を指し、〝こちらのお坊さまの御真影を写《うつ》したく貴方にお願いしたい〟とおっしゃったのです。そして、夢のなかで私が〝そちらのお坊さまはどなたですか〟とお尋ねしたところ、〝善《ぜん》光寺《こうじ》の本願《ほんがん》の御房《おんぼう》です〟と答えられたので、これは阿弥陀如来に違いないと思いました。その時は、お顔だけ写せばよろしいとの仰せでした」。

こうして定禅は、親鸞聖人のお顔を描き始めたのです。

### 2 阿弥陀如来の化現《けげん》

この絵図は、初幅の一番上の「蓮位《れんに》夢想」（第四図）に続いて、親鸞聖人が阿弥陀如来の化現（阿弥陀如来のおはたらきをお示しくださった方）であることを証明するものです。そのため、この絵図も前図からの時系列からは外れています。また、この絵図にも、蓮位房の姿が描かれています。

ただし、ここで夢を見たのは画家の定禅。親鸞聖人の門弟ではありませんでした。つまり二幅の一番上にあたるこの図は、身内以外の者によって親鸞聖人が阿弥陀如来の化現であることが証明されたことを示しているのです。

阿弥陀如来の本願が、誰の上にもはたらき続けていることを、この図は呼びかけているのでしょう。

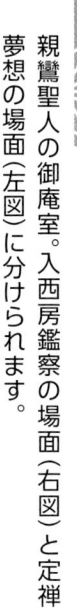

# 本《ほん》願《がん》寺《じ》聖《しょう》人《にん》伝《でん》絵《ね》〈下巻〉

本願念仏を明らかにし、その教えを生き方として、生活として、かたちにしてくだされた親鸞聖人の九十年のご生涯の後半、下巻をいただきます。

本文

## 御伝鈔　第一段　師《し》弟《てい》流《る》謫《たく》

該当絵：第十図・第十一図・第十二図・第十三図

浄土宗興行《じょうどしゅうこうぎょう》によりて、聖道門廃退《しょうどうもんはいたい》す。是《これ》空師《くうし》の所為《しょい》なりとて、忽《たちまち》に、罪科《ざいか》せらるべきよし、南北《なんぼく》の碩才憤《せきさいいきどお》り申《もう》しけり。『顕化身土文類《けんけしんどもんるい》』の六《ろく》に云《のたま》わく、竊《ひそ》かに以《おも》みれば、聖道《しょうどう》の諸教《しょきょう》は、行証久《ぎょうしょうひさ》しく廃《すた》れ、浄土《じょうど》の真宗《しんしゅう》は証道今盛《しょうどういまさかん》なり。然《しか》るに、諸寺《しょじ》の釈門《しゃくもん》、教《きょう》に昏《くら》くして、真仮《しんけ》の門《もん》戸《こ》を知《し》らず。洛都《らくと》の儒林《じゅりん》、行《ぎょう》に迷《まど》うて邪正《じゃしょう》の道路《どうろ》を弁《わきま》うることなし。ここをもって、興福寺《こうぶくじ》の学徒《がくと》、太上天皇《だじょうてんのう》　諱尊成《いみなたかなり》、後鳥羽院《ごとばのいん》と号《こう》す　今上《きんじょう》　諱為仁《いみなためひと》、土御門院《つちみかどのいん》と号《こう》す　聖暦承元丁卯《せいれきじょうげんひのとう》の歳《とし》、仲春《ちゅうしゅん》上旬《じょうじゅん》の候《こう》に奏達《そうたつ》す。主上臣下《しゅしょうしんか》、法《ほう》に背《そむ》き義《ぎ》に違《い》し、忿《いかり》を成《な》し怨《あた》を結《むす》ぶ。これに因《よ》って、真宗興《しんしゅうこう》隆《りゅう》の太祖源空法師《たいそげんくうほっし》、ならびに門徒数輩《もんとすはい》、罪科《ざいか》を考《かんが》えず、猥《みだ》りがわしく死罪《しざい》に坐《つみ》す、あるいは僧《そう》儀《ぎ》を改《あらた》め、姓名《しょうみょう》を賜《たまわ》って、遠流《おんる》に処《しょ》す、予《よ》はその一《ひとつ》なり。しかれば、すでに僧《そう》に非《あら》ず、俗《ぞく》に非《あら》ず、このゆえに、禿《とく》の字《じ》をもって姓《しょう》とす、空師《くうし》ならびに弟子等諸方《でしらしょほう》の辺州《へんしゅう》に坐《つみ》して、五年《ごねん》の居《きょ》緒《しょ》を経《へ》たりと云々《うんぬん》　空聖人罪名藤井元彦《くうしょうにんざいみょうふじいのもとひこ》、配所土佐国《はいしょとさのくに》　幡多《はた》、鸞聖人罪名藤井善信《らんしょうにんざいみょうふじいのよしざね》、配所越後《はいしょえちごの》

国《くに》 国府《こくぶ》、此外《このほか》の門徒《もんと》、死罪流罪《しざいるざい》みな之《これ》を略《りゃく》す。皇帝《こうてい》 諱守成《いみなもりなり》、佐渡院《さどのいん》と号《ごう》す 聖代建暦辛未《せいだいけんりゃくかのとひつじ》の歳子月中旬第七日《とししげつちゅうじゅんだいしちにち》、岡崎中納言範光卿《おかざきのちゅうなごんのりみつのきょう》をもって勅免《ちょくめん》、此時聖人右《このときしょうにんみぎ》のごとく、禿字《とくのじ》を書《か》きて奏聞《そうもん》し給《たま》うに、陛下叡感《へいかえいかん》をくだし、侍臣《じしん》おおきに褒美《ほうび》す。勅免《ちょくめん》ありといえども、かしこに化《け》を施《ほどこ》さんために、なおしばらく在国《ざいこく》し給《たま》いけり。

## 試訳

本願念仏のいのちの教えが世に広まりましてから、奈良の御寺や比叡山《ひえいざん》には今までほど身分の高い方々が寄り集うことがなくなりました。これは法然聖人《ほうねんしょうにん》の為《な》せるところだというので、すぐさま罪人《ざいにん》として訴追《そつい》するよう、奈良・比叡山の歴々《れきれき》たる学匠《がくしょう》達が立腹なされました。親鸞聖人の撰述《せんじゅつ》なされました『教行信証《きょうぎょうしんしょう》』の第六巻の末尾に、

静かに考えてまいりますと、末法《まっぽう》に入りましてより聖道門《しょうどうもん》の教えは長い間、教《きょう》も行《ぎょう》も全《まっと》うすることができず、これに対して浄土の真宗はまさしく真《しん》の仏道《ぶつどう》として今私の身に証明されております。にもかかわらず世に多い聖道門《しょうどうもん》御寺の僧侶《そうりょ》方は、仏法の中で何が真の仏道であるか見分けられず、真《しん》と仮《け》の区別を知りません。また都に多い儒者《じゅしゃ》どもは、邪《よこしま》な考えと正しい考え方の筋道《すじみち》が全くわかっておりません。あれやこれやが重なり、興福寺《こうふくじ》の学徒《がくと》が、後鳥羽《ごとば》の院《いん》の院政《いんせい》期、土御門《つちみかど》天皇の承元《じょうげん》元年二月上旬に、法然聖人訴追《そつい》を奏上《そうじょう》したのです。天皇をはじ

め補佐すべき臣下《しんか》が、大法《だいほう》に背《そむ》き筋道を違《たが》え、人の恨みを生み仇《あだ》を為《な》したのです。これによって、真宗の教えを明らかにしてくだされた法然房源空法師並びにそのご門徒数人を、何が罪であるか何が罪でないかも深く考えることなく、厳正《げんせい》な法に依《よ》らず四人を死罪《しざい》とし、また僧の身分《みぶん》を奪い俗名《ぞくみょう》を下《くだ》して流刑《るけい》としました。私はその中の一人であります。してみれば、もう僧でもありませんし、また俗人《ぞくにん》でもありません。このゆえに禿《とく》の字をもって姓《せい》といたします。源空法師ならびに弟子等は、諸方《しょほう》の片州《へんしゅう》に流されて五年の歳月を経たのであります。

とあります。

源空聖人、罪名は藤井元彦《ふじいもとひこ》、配所《はいしょ》は土佐《とさ》の国幡多《はた》、親鸞聖人は罪名藤井善信《よしざね》、配所は越後《えちご》の国国府《こくぶ》でありました。その他の門徒、死罪流罪の罪名・配所は省略いたします。

順徳《じゅんとく》天皇の建暦《けんりゃく》元年十一月十七日、岡崎中納言範光卿《おかざきちゅうなごんのりみつきょう》を勅使《ちょくし》としてお許しがありました。この時、親鸞聖人は右のように禿《とく》の字をもってお許しの勅答《ちょくとう》を奏聞《そうもん》なされましたので、天皇陛下はたいそう感動なされ、並み居る臣下《しんか》も褒《ほ》めそやすこと一通りではありませんでした。

勅免《ちょくめん》がありましたが、都から遠い所へ念仏の教えを伝えるために、それからもしばらく鄙《ひな》の地に居住《きょじゅう》なされました。

コラム.5

# 御伝鈔《ごでんしょう》拝読

『親鸞伝絵』の文章部分（拝読文）を「御伝鈔」といい、絵部分をまとめ四幅《ふく》の掛軸にしたものを「御絵伝」と呼びます（4～5頁参照）。文章と絵が分けられたのは覚如《かくにょ》上人《しょうにん》（25頁参照）で、御絵伝を今のかたち四幅に仕上げられたのも覚如上人です。

「御伝鈔」は、毎年の真宗本廟《ほんびょう》（東本願寺）をはじめとする全国の寺院の報恩講において拝読されます。

「御伝鈔」が拝読されるのは、逮夜《たいや》が終わって初夜《しょや》勤行《ごん》《ぎょう》の後になりますので、日が暮れた夜です。お堂の照明は、ご本尊《ほんぞん》の阿弥陀如来と宗祖親鸞聖人を照らす金灯籠《きんとうろう》、余間《よま》に掛けられた「御絵伝」の前と拝読者の前のろうそくのみで、暗い中で行われます。

真宗本廟においては、拝読者が出仕《しゅっし》する時のみ前記の照明を灯し、拝読時は参拝者の安全のために参詣席を明るくしています。

真宗本廟報恩講における御伝鈔拝読

拝読者出仕

念仏停止《ねんぶつちょうじ》の申し渡し

御絵伝

# 第十図　念仏停止《ねんぶつちょうじ》

南無阿弥陀仏《なむあみだぶつ》を称《とな》えれば皆、平等に救われるという、法然上人《ほうねんしょうにん》が説かれた専修念仏《せんじゅねんぶつ》の教えは、民衆の心を捉《とら》え、急速に広まっていきました。しかし、あらゆる修行《しゅぎょう》を必要としないといった教えは奈良の興福寺《こうふくじ》や比叡山延暦寺《ひえいざんえんりゃくじ》を中心とする伝統教団を刺激し、やがて国家の秩序を乱すものとして非難が起こり、弾圧へと発展しました。

この図から三幅目に入ります。興福寺や延暦寺は、念仏を禁止するよう朝廷に訴えました。朝廷はその求めに応じ、念仏の教えを広めることを禁じたのでした。承元《じょうげん》元（一二〇七）年、念仏停止《ちょうじ》の命令が出され、法然上人と親鸞聖人は罪人となられたのです。

この図の舞台は、当時京都の五条《ごじょう》にあったとされる御所《ごしょ》（天皇の居所《きょしょ》）です。本当の御所は、しばらく前に火災にあったため、ここは仮《かり》の御所。門をはさんで、念仏停止の申し渡しの様子が描かれています。

図説

京都にある御所。念仏停止（右図）の場面と親経卿参内（左図）の場面に分けられます。

右図【念仏停止】
① 住蓮房《じゅうれんぼう》
② 門弟
③ 役人
④ 柳と桜
⑤ 六角前中納言親経卿《ろっかくさきのちゅうなごんちかつねきょう》

左図【親経卿参内】
⑥ 門（一説には陽明門《ようめいもん》）
⑦ 役人（佐々木三郎）
⑧ 六角前中納言親経卿
⑨ 庁舎

## 図のここに注目！

### 1 逃げる住蓮房《じゅうれんぼう》

右図の右上に、黒衣《こくえ》の僧侶【図説】①が見えます。法然上人の門弟《もんてい》の一人、住《じゅう》蓮房《れんぼう》です。

住蓮房は美声の持ち主で、同じ門弟の安楽房《あんらくぼう》とともに一日六回偈頌《げじゅ》を唱《とな》えて阿《あ》弥陀如来《みだにょらい》を礼拝《らいはい》する「六時礼讃《ろくじらいさん》」を勤《ごん》修《しゅう》していたことで知られています。

この時、住蓮房は念仏停止の沙汰《さた》を知り、嘆《なげ》きのあまり、声高く「南無阿弥陀仏」と称えたのです。

しかし、もはや念仏は禁制《きんぜい》。住蓮房は他の門徒とともに役人に追われています。

### 2 念仏停止

門【図説】⑥の右にいて、今にも門をくぐろうとしているのは、六角前中納《ろっかくさきのちゅうな》言親経卿《ごんちかつねきょう》（藤原親経《ふじわらのちかつね》）【図説】⑤とされます。

門の内側の庁舎【図説】⑨、左奥にも親経卿の姿が見えます【図説】⑧。念仏停止を役人に伝えている場面です。

## 深める

### 1 興福寺や延暦寺の焦《あせ》り

法然上人の念仏の教えは、親鸞聖人だけでなく、老若男女を問わず多くの人びとの心に響きました。まさに燎原《りょうげん》の火のごとく広まっていったのです。

これに、興福寺や延暦寺の僧たちは焦りを感じるようになったのかもしれません。

彼らは、長らく朝廷の保護を受け、それゆえ正統性を誇《ほこ》ってきました。しかし、苦悩からの救済《きゅうさい》を求める民衆に、その教えは縁遠いものとなっていたのでしょう。

### 2 念仏停止のきっかけ

元久《げんきゅう》二（一二〇五）年、奈良の興福寺は「法然の教えには見過ごせぬ罪科《ざいか》がある」として念仏の禁止を求める訴状《そじょう》（興福寺奏状《そうじょう》）を朝廷に提出しました。

その後、建永《けんえい》元（一二〇六）年、後鳥《ごと》羽《ば》上皇が熊野へ参詣《さんけい》している留守中に、上皇に仕える二人の女官、松虫《まつむし》と鈴虫《すずむし》が住蓮房と安楽房のもとを訪ね、密かに出家。これが上皇の逆鱗《げきりん》にふれ、しばらく不問に付されていた奏状がにわかにとりあげられ、承元《じょうげん》元（一二〇七）年、ついに念仏停止に至ったのでした。

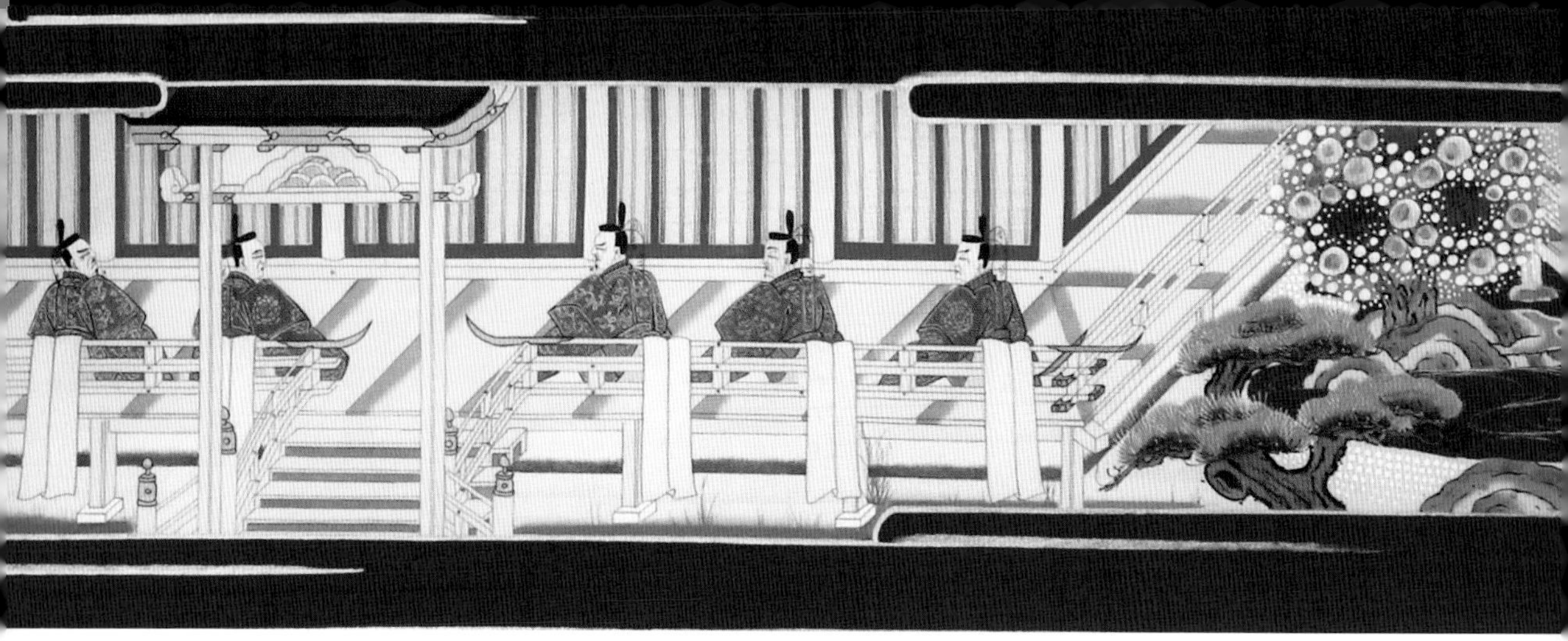

不当な評定《ひょうじょう》

御絵伝

# 第十一図　九《く》卿《けい》僉《せん》議《ぎ》

時系列で言えば、この図は前の第十図にあった「念仏停止《ねんぶつちょうじ》の申し渡し」に至る前の場面になります。奈良・興福寺《こうふくじ》や京都・比叡山延暦寺《ひえいざんえんりゃくじ》からの「法然《ほうねん》の教えには見過ごせぬ罪科《ざいか》がある」という訴えを受け、朝廷で評定《ひょうじょう》（会議）が行われています。

第十一図の場面は一つ。当時、京都の五条《ごじょう》にあったとされる仮の御所《ごしょ》の仁寿殿《じじゅでん》です。仁寿殿は御所の中央にあった殿舎《でんしゃ》で、中殿《ちゅうでん》とも呼ばれます。平安時代には天皇の居所《きょしょ》として使われていました。

この仁寿殿に公卿《くぎょう》たちが集まり、法然上人と親鸞聖人を含む門弟《もんてい》十二人の行状《ぎょうじょう》に対する評定を執り行ったのです。この評定を「九卿《くけい》僉議《せんぎ》」と言います（九卿は公卿の中国名です）。御簾《みす》の向こうには、土御門《つちみかど》天皇がいます。評定の結果、法然上人と親鸞聖人は流罪《るざい》に処されることになりました。

なお、御絵伝はしばしば年代を前後します。ここでは結末を先に示すという考えから、第十図に先に念仏停止という結果が描かれているのです。

京都にある御所の仁寿殿。九卿僉議の場面です。

図説

① 橘《たちばな》
② 御溝水《みかわみず》
③ 松
④ 評定を行う六人の公卿
⑤ 仁寿殿《じじゅでん》の御簾《みす》
⑥ 呉竹《くれたけ》

## 図のここに注目！

### 評定《ひょうじょう》への痛烈な風刺《ふうし》

図の左端には、呉竹《くれたけ》（淡竹《はちく》）【図説】⑥が描かれています。呉竹は、中国から渡来した竹です。格子の籬垣《ませがき》のなかに植えられ、生命力にあふれる葉を四方に伸ばしています。

兼好法師《けんこうほうし》の『徒然草《つれづれぐさ》』には、「御溝《みかわ》に近きは河竹《かわたけ》、仁寿殿の方に寄りて植えられたるは、呉竹なり」とあり、現在の京都御所にも植えられています。

竹は曲がることもなく、四季をとおして色を変えることもありません。そのため、正しい道、正しい教えの象徴とされます。

この場面に描かれた竹には、評定に対する痛烈な風刺を読み取ることができるのではないでしょうか。

深める

## 1 不当な評定

評定は門弟たちの罪の内容を明らかにすることなく、うわさや誹謗中傷《ひぼうちゅうしょう》にもとづいて進められました。そんな評定で、次のように宣旨《せんじ》が下されたのです。

法然上人は、土佐国《とさのくに》（現在の高知県）への流罪。宣旨には「藤井元彦《もとひこ》」とあります。藤井元彦は罪人としての名です。還俗《げんぞく》させられ、俗名で生きることを強《し》いられたのです。

親鸞聖人は、越後国《えちごのくに》（現在の新潟県）への流罪。罪人名は「藤井善信《よしざね》」です。この時、三十五歳でした。お二人を含む八人が流罪となり、第十図に描かれていた住蓮房《じゅうれんぼう》を含む法然上人の四人の門弟は死罪に処せられました。これら一連の迫害を「承元の法難《じょうげんのほうなん》」と言います。

## 2 承元の法難

親鸞聖人はこの法難について、主著『教行信証《きょうぎょうしんしょう》』に次のように書き記しておられます。

「法然上人をはじめ門弟数人、罪の内容を問わず、不当にも死罪、あるいは僧としての資格を奪《うば》って俗名を与えて流罪とした。私もその一人である。だから、私は僧侶でもなければ俗人でもないのである」。

ここに、親鸞聖人の非僧非俗《ひそうひぞく》の歩みがはじまったのです。

法然上人《ほうねんしょうにん》のご出立《しゅったつ》

御絵伝

# 第十二図　法然上人配流《ほうねんしょうにんはいる》

承元《じょうげん》元（一二〇七）年三月、法然上人《ほうねんしょうにん》は京都をあとにしました。不当な評定《ひょうじょう》とはいえ、朝廷の決定にあらがうことはできません。この図は、流罪《るざい》に処された法然上人のご出立《しゅったつ》の様子を描いたものです。

法然上人は吉水《よしみず》の御庵室《ごあんじつ》を出られ、京都・東山にある小松谷《こまつだに》の禅房《ぜんぼう》へ移り、その後洛外の法性寺《ほっしょうじ》を経て配所へ向かわれました。小松谷の禅房も法性寺も、九条《くじょう》（藤原《ふじわら》）兼実《かねざね》ゆかりの地。第四図（23頁）でもふれましたが、兼実は法然上人の説かれる専修念仏《せんじゅねんぶつ》の教えに深く帰依《きえ》していました。

法然上人はこの時、七十五歳。ここでは、上人との別れを嘆《なげ》き惜しみ、多くの門弟が見送りに集まっています。門外にはそのなかに混ざって、「早く出立せよ」とせかす役人の姿もあります。

法然上人ご出立の場面。門の内外が描かれていますが、場面は一つです。

図説

① お別れの松
② 桜
③ 善恵房証空《ぜんねぼうしょうくう》
④ 法然上人
⑤ 法然上人の門弟方
⑥ 張輿《はりごし》
⑦ 従者
⑧ 役人

## 図のここに注目!

### 1 描かれている法然上人の姿

この絵図の法然上人【図説】④は、墨の衣に墨の袈裟《けさ》を着ておられます。しかしこの時、法然上人は罪人であり俗人の扱いでした。実際は梨地打《なしじうち》の烏帽子《えぼし》、水色の水干《すいかん》（衣）、白の差貫《さしぬき》（袴《はかま》）という俗人のお姿だったのです。

それではあまりにも忍びなく、恐れ多いと考えられた『本願寺聖人伝絵《ほんがんじしょうにんでんね》』の作者である覚如上人《かくにょしょうにん》が、黒衣墨袈裟《こくえすみげさ》の姿に描くよう指示されたと言われています。

また、法然上人がお乗りになる輿《こし》【図説】⑥もたいそう立派に見えますが、実際は周囲に畳表《たたみおもて》を一枚張っただけの罪人用の張輿《はりごし》だったと伝わっています。

### 2 お別れの松

図の右手前には、大きな松の木【図説】①が描かれています。平安時代の歌人・在原行平《ありわらのゆきひら》の「立ち別れ　いなばの山の峰に生ふる　まつとし聞かば　今帰り来む」の歌の心に由来して、「お別れの松」と呼ばれています。

この後、法然上人は配所の土佐国《とさのくに》（現在の高知県）ではなく、京都に少し近い、九条兼実の領地である讃岐国《さぬきのくに》（現在の香川県）に留まられました。兼実の配慮によるものです。

### 深める　不機嫌な善恵房《ぜんねぼう》

悲しみに暮れる門弟のなかに、善恵房証空《しょうくう》【図説】③の姿も見えます。善恵房は法然上人の門弟の一人です。しかし、善恵房はどうしたことか、複雑な表情を浮かべています。なぜなのでしょうか。

この直前、二人は会話をされていました。善恵房は、法然上人に「念仏をやめたら罪も軽くなりますよ」と言ったのです。これに対して法然上人は、「そなたの念仏は、やめようと思ったらやめられるのか。それは自力の念仏じゃ」と一蹴し、「私のお念仏は他力の大行である。やめようと思っても、やめられるものではない」と返されたと伝わります。

さらに上人は「死罪・流罪を超えて往くのが本願念仏であるぞ」と続けられました。善恵房の表情は、上人の叱責《しっせき》によるものでした。

親鸞聖人《しんらんしょうにん》、越後国《えちごのくに》への配流《はいる》

御絵伝

# 第十三図　親鸞聖人配流《しんらんしょうにんはいる》

承元《じょうげん》元（一二〇七）年三月、法然上人《ほうねんしょうにん》に続いて、親鸞聖人も京都を出立《しゅったつ》されました。岡崎《おかざき》の草庵《そうあん》から、配流先の越後国《えちごのくに》・国府《こくぶ》（現在の新潟県上越市）へと向かわれたのです。

三幅目の後半に入り、この図は、親鸞聖人のご出立を描いています。場所は、京都にある岡崎の草庵です。出発日は当初、法然上人のご出立の前の日と定められていたと言われています。しかし、親鸞聖人は、法然上人より先に都を出ることだけは容赦《ようしゃ》してほしいと願われ、法然上人を見送られてからのご出立になったと伝えられています。この右図でも、門弟の誰もが親鸞聖人との別れを悲しみ、涙しています。

京都東山、岡崎の草庵。門をはさんで、聖人と皆々とのお別れの場面(右図)と、聖人を乗せた張輿が出発する場面(左図)に分けられます。

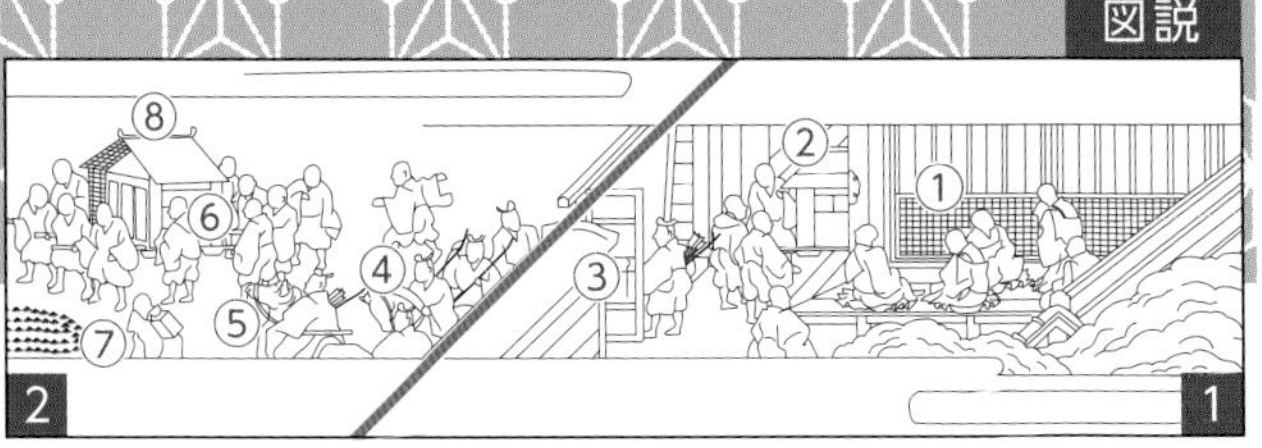


右図【岡崎出立】
① 法然上人の門弟方
② 張輿《はりごし》
③ 草庵の門

左図【聖人配流】
④ 領送使《りょうそうし》
⑤ 検非違使《けびいし》
⑥ 西仏房《さいぶつぼう》
⑦ 性信房《しょうしんぼう》
⑧ 張輿

# 図のここに注目!

## 1 岡崎の草庵《そうあん》

親鸞聖人は六角堂《ろっかくどう》で夢告《むこく》を受けられた後、岡崎の草庵に移られ、ここから法然上人のおられる吉水《よしみず》に通われたとされています。岡崎の草庵は現在、真宗大谷派岡崎別院（京都市左京区）となっており、門前には「親鸞聖人御草庵遺蹟」の石碑が建っています。

## 2 笈《おい》をかつぐ性信房《しょうしんぼう》

流罪の道すがらは、どのような危険が待っているかわかりません。聖人を襲《おそ》う輩《やから》が現れないとも限らないのです。

左図を見ると、黒衣《こくえ》の僧が目に入ります。お供の西仏房【図説】⑥です。性信房【図説】⑦は、笈（背に負う箱のようなもの）をかついでいます。

ほかにも多くの従者の姿が描かれていますが、やがて皆帰され、流罪人を配所まで護送する役人の領送使《りょうそうし》【図説】④のほかは性信房、西仏房の二人だけとなりました。過酷な配流《はいる》の旅であったことが想像されます。

## 深める 越後での決意

越後での生活は、およそ五年間に及びました。諸説ありますが、この時親鸞聖人は恵信御房《えしんごぼう》（恵信尼）と結婚なさっていて、越後でもご一緒だったようです。不当な流罪《るざい》裁定が下ったのは、聖人が憚《はばか》ることなく妻帯しておられたから、とも解されています。

さて、流罪から五年後の建暦元（一二一一）年十一月、親鸞聖人三十九歳の時、法然上人とともに流罪の勅免《ちょくめん》（お許し）が出ました。しかし、聖人は越後に留《とど》まられました。親鸞聖人は流罪後も、法然上人に今一度、お目にかかりたいと、京都での再会を考えておられたはずです。ですが、朝廷から勅免が出されたのは冬。越後の冬は雪深いため、雪解けの春まで待って京都で再会しようとされていたのでしょう。

ところが、翌年一月二十五日、法然上人は京都で八十年の生涯を終えられました。法然上人逝去《せいきょ》の知らせを聞かれた親鸞聖人は、京都には帰らず、そのまま越後に留まり、念仏の教えを広めていくことを決意されました。

御伝鈔

# 第二段　稲田《いなだ》興法《こうぼう》

該当絵：第十四図

本文

聖人越後国《しょうにんえちごのくに》より常陸国《ひたちのくに》に越《こ》えて、笠間郡稲田郷《かさまのこおりいなだのごう》という所《ところ》に隠居《いんきょ》したまう。幽栖《ゆうせい》を占《し》むといえども、道俗跡《どうぞくあと》をたずね、蓬戸《ほうこ》を閉《と》ずといえども、貴賤衢《きせんちまた》に溢《あふ》る。仏法弘通《ぶっぽうぐずう》の本懐《ほんがい》ここに成就《じょうじゅ》し、衆生利益《しゅじょうりやく》の宿念《しゅくねん》たちまちに満足《まんぞく》す。此《こ》の時《とき》、聖人仰《しょうにんおお》せられて云《のたま》わく、「救世菩薩《くせぼさつ》の告命《ごうみょう》を受《う》けし往《いにしえ》の夢《ゆめ》、既《すで》に今《いま》と符合《ふごう》せり。」

試訳

親鸞聖人は、流刑の地越後《えちご》の国から常陸《ひたち》の国に遷《うつ》られ、笠間《かさま》の郡《こおり》稲田の郷《ごう》というところに隠居《いんきょ》されました。隠《かく》れ住みでしたが、聖人の徳《とく》を慕《した》って僧侶も俗人も寄り集まられ、密《ひそ》やかな住まいでありましたが、多くの人々が押しかけました。

人々にまことの生き方を伝えたいという願いはここに成就《じょうじゅ》し、不安に苛《さいな》まれる衆生《しゅじょう》と共に、生まれた意義に出遇うという、本来の願いはここに満足したのであります。

この時親鸞聖人はしみじみと、

二十九歳の時六角堂《ろっかくどう》の救世菩薩《くせぼさつ》にみ教えをいただき、これを一切《いっさい》の有情《うじょう》に届けよ、と御下命《ごかめい》をいただいた大切な夢が、まさしく今と符号《ふごう》しています。

と仰せられました。

コラム.6

# 親鸞聖人の家族について

親鸞聖人の両親については10頁記載のとおりですが、兄弟については弟が四人おられ、聖人は長男であったと伝わっています。

恵信御房（恵信尼）と結婚された年齢は定かでありませんが、子どもは三女三男を授かりました。聖人が京都で命終したとき恵信御房は越後に住まわれており、最期を看取った末娘の覚信御房（覚信尼）からの手紙によって聖人の還浄を承知されました。

■ 略系図

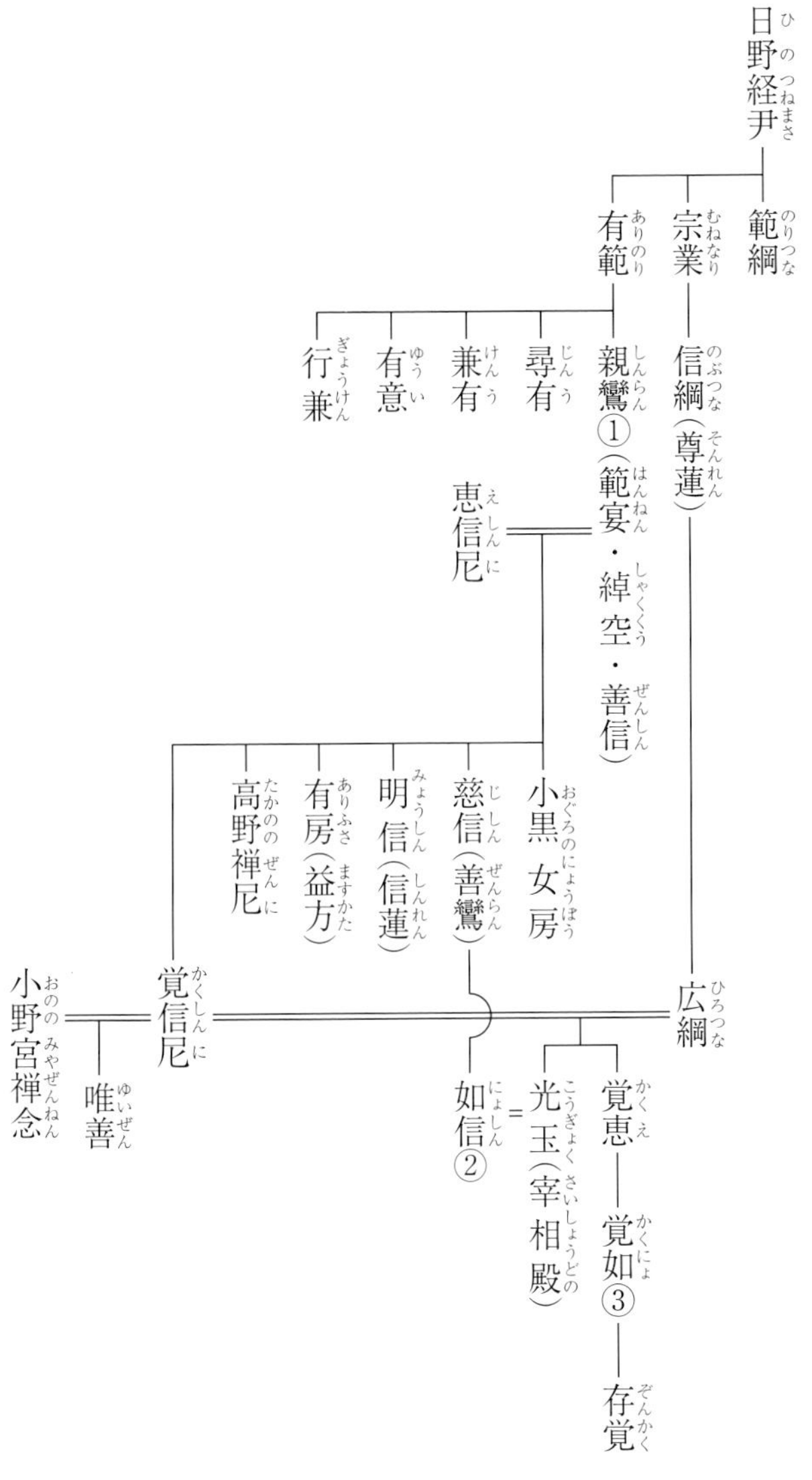


※丸数字は本願寺歴代を示す

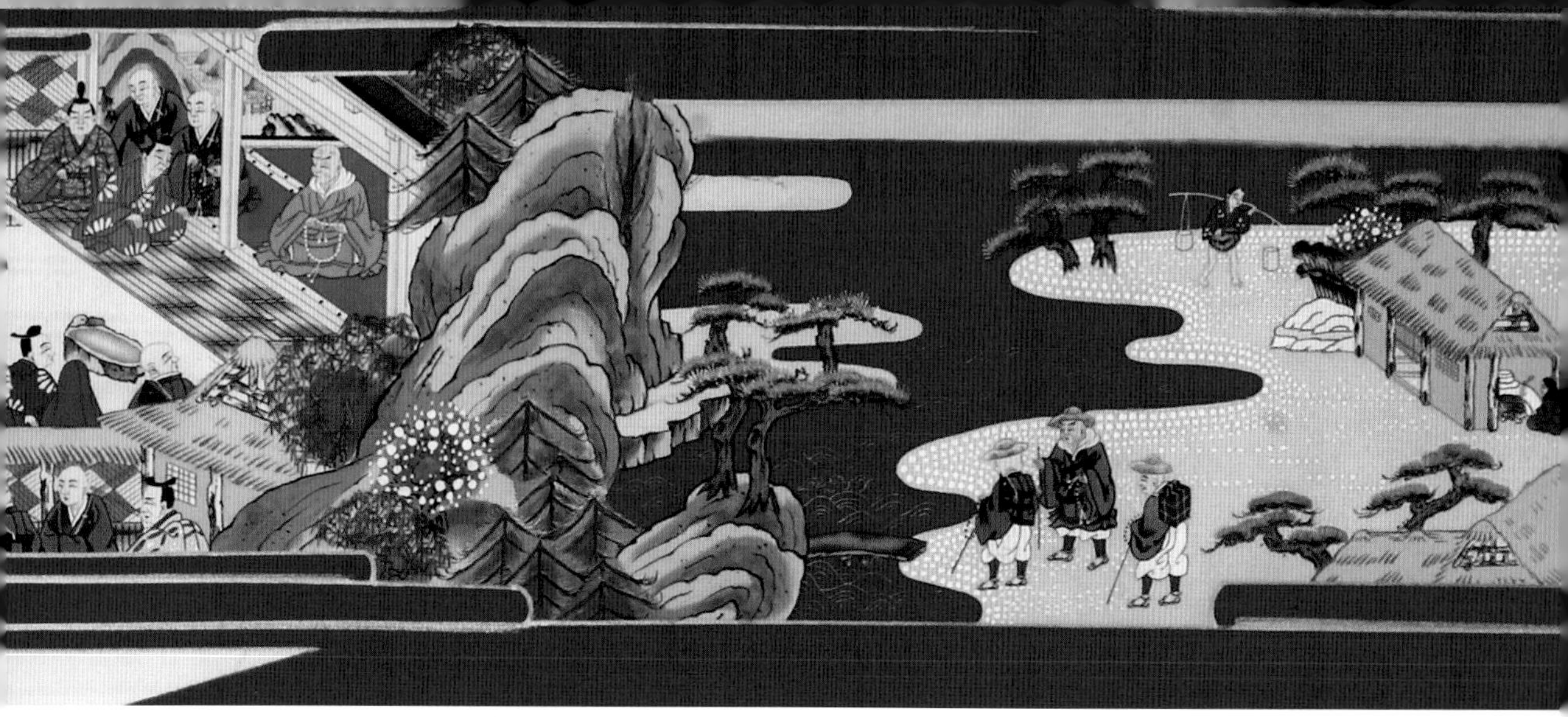

関東での御教化《ごきょうけ》

御絵伝

# 第十四図　稲田興法《いなだこうぼう》

親鸞聖人は朝廷《ちょうてい》から流罪《るざい》の勅免《ちょくめん》（お許し）が出た後、しばらく越後《えちご》に留《とど》まってから、関東に向かわれました。

常陸国《ひたちのくに》・稲田《いなだ》（現在の茨城県笠間市）を拠点に、本願念仏《ほんがんねんぶつ》の教えを広く伝えていくことに努められたのです。聖人の関東御教化は、建保《けんぽう》二（一二一四）年から約二十年間に及びました。

左図から右図へと目を向けていきます。左図は、稲田の御草庵《そうあん》での御教化の様子です。稲田の御草庵について、『御伝鈔《ごでんしょう》』には、次のように記されています。

「聖人越後国《えちごのくに》より常陸国に越《こ》えて、笠間郡稲田郷《かさまのこおりいなだのごう》という所に隠居《いんきょ》したまう。幽栖《ゆうせい》を占《し》むといえども、道俗跡《どうぞくあと》をたずね、蓬戸《ほうこ》を閉《と》ずといえども、貴賤衢《きせんちまた》に溢《あふ》る」（66頁）。僧侶《そうりょ》も俗人も、身分の差別なく、親鸞聖人の教えを求めて集まってきました。俗世から離れた閑静《かんせい》な地にもかかわらず、御草庵は多くの人で溢れかえったのです。

右図は、関東教化の道中の様子と言われています。聖人にお供する蓮位房《れんにぼう》、西仏房《さいぶつぼう》の姿も見えます。

関東教化の場面（右図）と稲田の御草庵の場面（左図）に分けられます。

図説

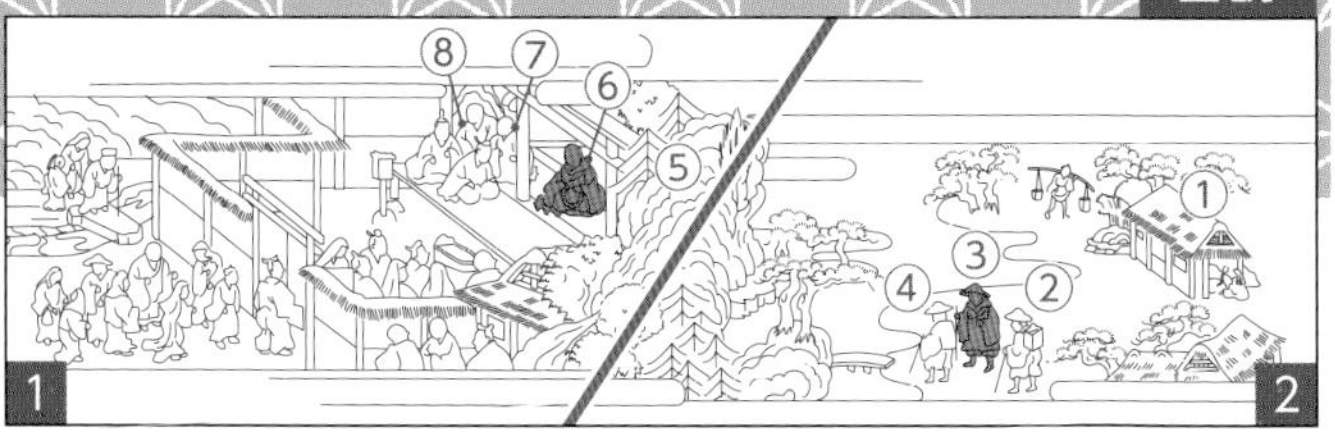


右図【巡錫《じゅんしゃく》教化】
① 塩焼き小屋
② 蓮位房《れんにぼう》
（一説には性信房《しょうしんぼう》）
③ 親鸞聖人
④ 西仏房《さいぶつぼう》

左図【稲田興法】
⑤ 筑波山
⑥ 親鸞聖人
⑦ 西仏房
⑧ 蓮位房
（一説には性信房）

## 図のここに注目!

### 1 白く見えるものは?

右図の砂浜を覆《おお》っている白いものは何かというと、塩。古来より関東の常陸では塩づくりが盛んであったとされ、右端に見える建物【図説】①は塩焼き小屋です。塩釜《しおがま》から立ち昇る塩焼きの煙も見えます。

ちなみに、この図の舞台がどこなのかについては諸説あり、一説にはこの場面は越後でのご教化の様子を描いたものとも言われています。

### 2 説法される聖人

左図の稲田の御草庵は、現在の西念寺《さいねんじ》（笠間市）にあたり、「稲田御坊《ごぼう》」の名で親しまれています。

図の右奥に、説法をされている親鸞聖人【図説】⑥の姿が描かれています。念仏の教えが民衆の生活に根をおろす様子に、聖人は「救世観音《くせかんのん》の夢のお告げが今、生活に現れてきた」と、感慨を述べられたと伝わっています。（参考：第四図「観音さまの夢のお告げ」22頁）

聖人は四十～五十代の大半をここで過ごされました。稲田の御草庵は教化の場であり、家族と共に暮らされた生活の場でもありました。

### 深める 『教行信証《きょうぎょうしんしょう》』の執筆

親鸞聖人は、稲田の御草庵で『教行信証』（『顕浄土真実教行証文類《けんじょうどしんじつきょうぎょうしょうもんるい》』）の執筆を進められていたと言われています。

『教行信証』は親鸞聖人が生涯にわたって執筆を続けられた主著。念仏の伝統とその教えをどのように自らの身に証していくかを課題にした、全六巻からなる漢文の書物です。

聖人御真筆《ごしんぴつ》の『教行信証』として現存する「坂東本《ばんどうぼん》」は、聖人が最晩年まで手元《もと》に置かれ、筆を加え続けられました。

真宗門徒のお勤めに用いられ、現在も親しまれている「正信偈《しょうしんげ》」はこの『教行信証』の中に著《あらわ》されています。

本文

## 御伝鈔　第三段　弁円済度《べんねんさいど》

該当絵：第十五図

聖人常陸国《しょうにんひたちのくに》にして、専修念仏《せんじゅねんぶつ》の義《ぎ》をひろめ給《たま》うに、おおよそ、疑謗《ぎほう》の輩《ともがら》はすくなく、信順《しんじゅん》の族《やから》はおおし。しかるに一人《いちにん》の僧《そう》　山臥云々《やまぶしうんぬん》　ありて、ややもすれば、仏法《ぶっぽう》に怨《あた》をなしつつ、結《けっ》句害心《くがいしん》を挿《さしはさ》んで、聖人《しょうにん》を時々《よりより》うかがいたてまつる。聖人《しょうにん》、板敷山《いたじきやま》という深山《しんざん》を恒《つね》に往反《おうへん》し給《たま》いけるに、彼《か》の山《やま》にして度々《どど》相待《あいま》つといえども、さらに其《そ》の節《せつ》をとげず、倩《つらつら》ことの参差《しんし》を案《あん》ずるに、頗奇特《すこぶるきどく》のおもいあり。よって、聖人《しょうにん》に謁《えっ》せんとおもう心《こころ》つきて禅室《ぜんしつ》に行《ゆ》きて尋申《たずねもう》すに、聖《しょう》人左右《にんそう》なく出会《いであ》いたまいにけり。すなわち尊顔《そんげん》にむかいたてまつるに、害心忽《がいしんたちまち》に消滅《しょうめつ》して、剰《あまつさえ》後悔《こうかい》の涙禁《なみだきん》じがたし。ややしばらくありて、有《あり》のままに、日来《ひごろ》の宿鬱《しゅくうつ》を述《じゅっ》すといえども聖人《しょうにん》またおどろける色《いろ》なし。たちどころに弓箭《きゅうせん》をきり、刀杖《とうじょう》をすて、頭巾《ときん》をとり、柿衣《かきのころも》をあらためて、仏教《ぶっきょう》に帰《き》しつつ終《つい》に素懐《そかい》をとげき。不思議《ふしぎ》なりし事《こと》なり。すなわち明法房是《みょうほうぼうこれ》なり。聖人《しょうにん》これをつけ給《たま》いき。

試訳

親鸞聖人が常陸国《ひたちのくに》で専修《せんじゅ》念仏の教えを広めてくだされました時、総じて疑いを持つ者も謗《そし》る者も少なく、多くの人々が生きる慶《よろこ》びに出遇《であ》いました。

ところがここに一人の僧がおりました。弁円《べんねん》という名の山伏《やまぶし》であったと伝えられますが、ややもすると仏法に敵意を持ち、遂《つい》には親鸞聖人を亡き者にしてやろうという心を起こして、聖人の動静《どうせい》を探ったのです。

親鸞聖人は板敷山《いたじきやま》という大きな山を日常通り道にしておられましたので、弁円はこの板敷山の山中で聖人を害してやろうと度々《たびたび》聖人を待ち受けましたが、どうしても目的を遂げることができず、遠くお姿を見ることすら全くできませんでした。

落ち着いて事の成り行きや行き違いを考えたその時、

ひょっとしてこの御方《おかた》は、とんでもない御方かも知れない。

という考えが弁円の心にわきました。そこで弁円は、直接聖人のお目にかかろう、と思い立って稲田の草庵《そうあん》に参上したのです。

聖人はおられますか。

とお尋ね申したところ、聖人は何事もなかったかのように、穏《おだ》やかにお出遇いなされました。

その尊いお姿を拝した途端《とたん》に、聖人を害《がい》してやろうと思っていた心は消え失《う》せ、それどころか、恐れ多くもこのような尊い御方を害しようとしたか、と後悔の涙が溢《あふ》れ溢れてどうしても止まりませんでした。

しばらくして弁円は、今までどのように思いどのように振る舞ってきたかをありのままに聖人に申し上げましたが、聖人はまったく驚かれる様子がありませんでした。

その場で弓弦を斬《き》り矢を折り刀杖《かたな》を棄《す》て、頭巾《ずきん》をとり山伏の柿《かき》の衣《ころも》を改めて、お念仏の教えと共に、明法房《みょうほうぼう》という名をいただき、それからは念仏相続《そうぞく》かわらずに、ついに往生《おうじょう》の素懐《そかい》を遂《と》げました。

まことに不思議なことで、聖人はこれを慶び、事あるごとに明法房のことをお手紙等に記されたことであります。

コラム.7

# 御絵伝絵解《ごえでんえとき》について

親鸞聖人の御生涯を表した親鸞伝絵は、もともとは絵巻物でした。それを多くの人々が同時に拝聴・拝見するために、文章部分（御伝鈔）と絵部分（御絵伝）に分け、御絵伝は道場《どうじょう》（寺院）の余間《よま》に奉掛し、御伝鈔は外陣《げじん》で拝読するようになりました。

しかし、道場（寺院）が大型化するにつれ、門徒が座る参詣席から余間に掛けられた御絵伝（掛幅）までが遠くなり、何が描いてあるのか見えず、さらに御伝鈔を拝聴していても、昔の言葉なので内容がわかりづらいという問題が起こってきました。

そこで、江戸時代中期頃、御絵伝の絵について説明する「絵説《えせつ》」が行われるようになり、その後まもなく、絵に描かれている人物や動物、植物を真宗の教義に結びつけて解釈しつつ参詣者に伝える「絵解《えとき》」が誕生することになります。

御絵伝絵解は、余間に掛けられていた掛幅を参詣席にまで降ろし、講者が一図一図を棒で指し示して法話しました。これは単なる絵の説明ではなく、御伝鈔に書かれている内容をふまえた上で親鸞聖人の御一生を伝えつつ、聖人が顕《あきら》かにされたお念仏の教えを事《こと》細《こま》かに解いてゆくものです。

絵解による法話は、江戸中期以降盛んに行われましたが、明治になり時代の流れで衰退してしまいました。

現在、報恩講において御伝鈔拝読がなされる中、古《いにしえ》のご門徒と同じように、絵（掛幅）が見えず拝読文（古文）の内容が理解できないという方も多いかもしれません。「御伝鈔」と「御絵伝」はあくまで一つで、御絵伝なくして御伝鈔は拝読できず、御伝鈔なくして御絵伝も拝見できません。御絵伝と御伝鈔を後世に伝えるために「御絵伝絵解」という方法があるのです。

御絵伝絵解を行う沙加戸弘氏。
御絵伝掛幅（掛軸）ではなく、大きく見やすいようスクリーンに映した画像を用いている。
（於滋賀県・大津別院）

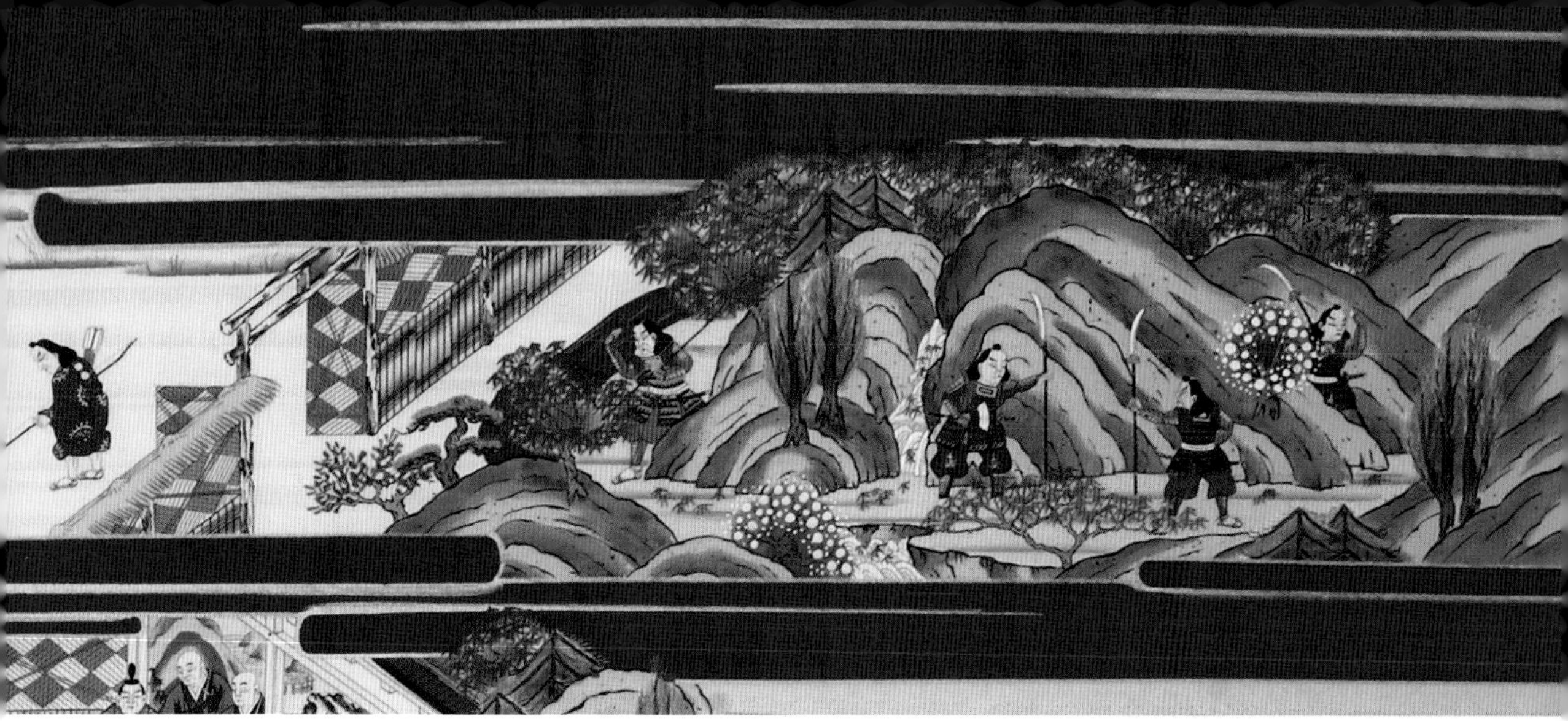

山伏《やまぶし》・弁円《べんねん》の物語

# 御絵伝　第十五図　弁円済度《べんねんさいど》

この図は、山伏・弁円の物語です。親鸞聖人の御教化によって、関東に暮らす多くの人が念仏《ねんぶつ》の教えに出遇《であ》い、あちこちで念仏の声が聞こえるようになりました。一方で関東は古来、修験道《しゅげんどう》が盛んな地。聖人が関東に来られてから、山伏に現世祈祷《げんぜきとう》を頼む者が減っていったのです。山伏の棟梁《とうりょう》である弁円は、聖人に恨《うら》みを抱《いだ》くようになり、ついに殺害を企《くわだ》てました。

弁円はまず、板敷山《いたじきやま》（現在の茨城県石岡市）の頂《いただき》近くで護摩《ごま》を焚《た》き、親鸞聖人を祈り殺そうとしました。しかし、全く効果がありません。

次に、板敷山の山路にて、聖人を矢で射殺そうと算段しました。聖人が常々通られる山路で仲間と待ち伏せしたのです。ところが、聖人のお念仏の声は聞こえるものの、姿はまったく見えません。しびれをきらした弁円は弓と刀を携《たずさ》え、稲田《いなだ》の御草庵《ごそうあん》に乗り込みました。すると、聖人は何事もなかったように穏やかな表情で迎えられました。弁円はその御姿を一目見るなり、聖人の尊さに心服し、その場で弓を折り、刀を捨て、聖人に帰依《きえ》したのでした。

場面は右から、板敷山待ち伏せ・板敷山下山（右図）、害心消滅・弁円済度（左図）と続きます。

図説

右図【板敷山】
① 板敷山
② 待ち伏せする弁円の徒党
③ 紅葉《もみじ》
④ 下山する弁円

左図【稲田の御草庵】
⑤ 稲田の御草庵の門
⑥ 害心が消滅した弁円
⑦ 親鸞聖人
⑧ 弓と刀
⑨ 山伏の衣を捨てた弁円
⑩ 親鸞聖人
⑪ 西仏房《さいぶつぼう》と蓮位房《れんにぼう》（一説には性信房《しょうしんぼう》）

## 図のここに注目！

### 1 害心消滅《がいしんしょうめつ》の場面

左図の御草庵の門【図説】⑤の内側には、弁円【図説】⑥とそれを迎える親鸞聖人【図説】⑦の姿が描かれています。

弁円は弓と刀を携《たずさ》えていますが、軽くうなだれています。「殺しに来た私を、穏やかな表情で出迎えられるとは、何というお心なのか」と、弁円の害心がたちまちに消滅した場面です。

### 2 弁円済度《さいど》の場面

そのまま左に目をやると、縁側の下に、捨てられた弓と刀【図説】⑧があります。

左端の室内には、弁円【図説】⑨と親鸞聖人【図説】⑩の姿が見えます。弁円は日頃の心を聖人に打ち明け、深く懺悔《さんげ》しました。その姿を見て、聖人は弁円に明法房証信《みょうほうぼうしょうしん》という名を与えられました。

## 深める

### 1 阿弥陀如来《あみだにょらい》の化現《けげん》

本段は、『御絵伝』三幅目の最上段にあたります。これまでの一・二幅目と同じく、最上段は親鸞聖人が阿弥陀如来の化現であることを示すものになっています。弁円の目には、聖人の御姿はまさしく、阿弥陀如来の化現と映ったのでした。

今回は聖人を敵とみなしていた者によって、聖人が阿弥陀如来の化現であることが証明されたことを表しています。

### 2 変わり果てたる弁円の心

明法房証信の名をいただいた弁円は、念仏の教えに帰依し親鸞聖人のおそばに仕えました。それから一年ほど経ったある日、聖人が遠方まで布教に出られることになり、弁円は留守を預かりました。

ところが、聖人はなかなかお帰りになりません。心配した弁円は聖人を捜しに出たのです。気がつくと、あの板敷山でした。同じ人を、同じ場所で、同じ季節に待っている。待つ身に変わりはないものの、その心は大きく変わっています。その時、弁円は次の歌を詠んだと伝えられています。

山も山　道も昔に　変わらねど
変わり果てたる　我が心かな

本文

御伝鈔

# 第四段 箱根《はこね》霊告《れいごう》

該当絵：第十六図右

聖人《しょうにん》、東関《とうかん》の堺《さかい》を出《い》でて、花城《かせい》の路《みち》におもむきましましけり。或日《あるひ》晩陰《ばんいん》におよんで箱根《はこね》の険《けん》阻《そ》にかかりつつ、遥《はるか》に、行客《こうかく》の蹤《あと》を送《おく》りて、漸人屋《ようやくじんおく》の枢《とぼそ》にちかづくに、夜《よ》もすでに暁更《ぎょうこう》におよんで、月《つき》もはや孤嶺《これい》にかたぶきぬ。時《とき》に、聖人《しょうにん》あゆみよりつつ、案内《あんない》したまうに、まことに齢《よわい》傾《かたむ》きたる翁《おきな》のうるわしく装束《しょうぞき》たるが いとこととく出会《いであ》いたてまつりて、いう様《よう》、「社廟《しゃびょう》ちかき所《ところ》のならい巫《かんなぎ》どもの、終夜《よもすがら》、あそびし侍《はんべ》るに、おきなもまじわりつるに、いまなんいささかよりい侍《はんべ》ると、思《おも》うほどに、夢《ゆめ》にもあらず、うつつにもあらで、権現仰《ごんげんおお》せられて云《い》わく、「只《ただ》今《いま》われ尊敬《そんきょう》をいたすべき客人《きゃくじん》、此《こ》の路《みち》を過《す》ぎ給《たま》うべき事《こと》あり、かならず慇懃《いんぎん》の忠節《ちゅうせつ》を抽《ぬきん》でて、殊《こと》に丁寧《ていねい》の饗応《きょうおう》を儲《もう》くべし」と云々《うんぬん》 示現《じげん》いまだ覚《さめ》おわらざるに、貴僧忽爾《きそうこつじ》として影向《ようごう》し給《たま》えり。何ぞただ人《びと》にましまさん。神勅是炳焉《しんちょくこれへいえん》なり。感応《かんのう》、最恭敬《もっともくぎょう》す」といいて、尊重崛請《そんじゅうくっしょう》したてまつりて、さまざまに飯食《ぼんじき》を粧《よそお》い、色々《いろいろ》に珍味《ちんみ》を調《ととの》えけり。

試訳

親鸞聖人は、関東での仏法弘通《ぐづう》の業《ぎょう》をひとまず措《お》かれ、都《みやこ》への道を辿《たど》られました。ある日夜も更《ふ》ける頃、箱根《はこね》の難所《なんしょ》に差し掛かられ、はるかな道のりを先行旅客《せんこうりょかく》の蹤《あと》を踏《ふ》んで、ようやく人家《じんか》のあたり近くなった時は、すでに夜も深く月も傾きかけておりました。

聖人は人家に歩み寄って一夜の宿を請《こ》うべく案内を頼まれましたが、その時館《やかた》の中からまことに高齢の美しい装束《しょうぞく》を着た翁《おきな》が急ぎの様子で出会いました。翁は、

神社の常でございますが神に仕える者ども、夜を徹して歌詠《うたよ》み管弦《かんげん》に遊んでおりました。私も共々に居りましたが、たった今いささかまどろみましたところ、夢にもあらず現《うつつ》にもあらず、権現《ごんげん》が、

ただ今、私が大切にしなければならない御客人がこの前を通られる。必ず真心《まごころ》をこめて礼を尽くし、取り分けて丁重《ていちょう》なおもてなしをいたせ。

と仰せられました。そのお示しがまだ覚めないうちに貴方《あなた》のお声が聞こえました。ならば、貴方が只人《ただびと》であるはずがありません。権現のお告げは、貴方が来られたことでまことにはっきりしております。どうぞこちらへお越しください。

と言って、恭《うやうや》しく聖人をお迎えし、立派な食膳《しょくぜん》に多くの珍味を調えておもてなしを申したことでありました。

神道《しんとう》とのかかわり

御絵伝

# 第十六図　箱根霊告《はこねれいごう》

この図から、四幅目に入ります。
親鸞聖人は六十歳頃、約二十年間過ごされた関東から京都へ、帰洛《きらく》の途《と》につかれました。その途中、親鸞聖人の一行は夜遅く、箱根権現《はこねごんげん》（現在の神奈川県にある箱根神社）の近くを通りかかられました。

箱根山は古来より難所として知られています。親鸞聖人の一行はこの地で一夜を明かすことになりました。険しい山道を通り、ようやく人家を見つけて歩み寄ると、美しく装束《しょうぞく》を整えた翁《おきな》（老人）が現れ、「権現さまのお告《つ》げどおり、尊いお方がおいでになりました」と親鸞聖人を出迎えたのでした。

その後、親鸞聖人は京都に戻られました。左図は、第十七図（86頁）につながる場面です。常陸国《ひたちのくに》（現在の茨城県）の平太郎《へいたろう》が、京都の親鸞聖人を訪ね、親鸞聖人から念仏《ねんぶつ》の心得を教えられています。平太郎はかねてから親鸞聖人に深く帰依《きえ》していました。

箱根霊告(右図)と平太郎の洛陽訪問(左図)の場面に分けられます。

図説

右図【箱根霊告】
① 山並み
② 箱根権現の鳥居
③ 箱根権現出仕の翁
④ 親鸞聖人
⑤ 蓮位房《れんにぼう》と性信房《しょうしんぼう》(諸説あり)

左図【洛陽訪問】
⑥ 常陸国の平太郎
⑦ 親鸞聖人
⑧ 蓮位房

# 図のここに注目!

## 1 親鸞聖人を出迎える翁

右図は、親鸞聖人が帰洛の途中、箱根に逗留《とうりゅう》された場面です。右には、箱根の山並み【図説】①が描かれています。麓《ふもと》の箱根権現の境内には朱色の鳥居《とりい》【図説】②が見えます。

装束を整えた翁【図説】③は、箱根権現に出仕する神官です。翁は親鸞聖人一行を招き入れようと、親鸞聖人に挨拶《あいさつ》をしています。

## 2 親鸞聖人を訪ねる平太郎

左図は、常陸国の平太郎が京都に戻った親鸞聖人をお訪ねした場面です。帰洛後、親鸞聖人は住まいを転々とされましたが、この時は五条西洞院《ごじょうにしのとういん》の御庵室《ごあんじつ》に滞在しておられました。

親鸞聖人に向かい、御庵室の縁《えん》に座しているのが平太郎【図説】⑥です。

## 深める 神道とのかかわり

この二つの場面は、神道《しんとう》とのかかわりが描かれています。

箱根で親鸞聖人を出迎えた翁は夢の中で、次のようなお告げを聞いたというのです。「まもなく尊敬すべき客人がこの前を通られるので、大切にお迎えし、丁《てい》寧《ねい》にもてなしなさい」。そこへ、親鸞聖人がお越しになったのです。翁は「まさしくあなたこそ、お告げの方に間違いはございません」と親鸞聖人に声をかけたのでした。権現も聖人に礼拝したというお示しです。

平太郎が親鸞聖人を訪ねた理由も、熊野《くまの》参詣《さんけい》の是非《ぜひ》という神道にかかわる問題でした。平太郎は夫役《ぶやく》(支配者が課する労役)の義務で、熊野(現在の和歌山県)に参詣することが決まっていました。しかし、それは念仏の教えに背くことかもしれないと平太郎は心配していたのです。

平太郎は、そのことを親鸞聖人に尋ねるため、わざわざ常陸国から京都まで参ったのです。これに聖人はどう答えたのか。次の図で紹介いたします。

本文

御伝鈔

# 第五段 熊《くま》野《の》霊《れい》告《ごう》

該当絵：第十六図左・第十七図

聖人《しょうにん》故郷《こきょう》に帰《かえ》りて往事《おうじ》をおもうに、年々歳々《ねんねんせいせい》夢《ゆめ》のごとし、幻《まぼろし》のごとし。長安《ちょうあん》・洛陽《らくよう》の栖《すみか》も跡《あと》をとどむるに嬾《ものう》しとて、扶風馮翊《ふふうふよく》ところどころに移住《いじゅう》したまいき。五条西洞院《ごじょうにしのとういん》わたり、一《ひと》つの勝地《しょうち》なりとて、しばらく居《きょ》をしめたまう。今比《このごろ》、いにしえ口決《くけつ》を伝《つた》え、面受《めんじゅ》を遂《と》げし門徒《もんと》等《ら》、おのおの好《よしみ》を慕《した》い、路《みち》を尋《たず》ねて、参集《さんじゅう》したまいけり。其《そ》の比《ころ》、常陸国《ひたちのくに》那荷西郡《なかのさいのこおり》大部郷《おおぶのごう》に、平太《へいた》郎《ろう》なにがしという庶民《しょみん》あり。聖人《しょうにん》の御訓《みおしえ》を信《しん》じて、専《もっぱ》ら弐《ふたごころ》なかりき。しかるに、或時《あるとき》、件《くだん》の平《へい》太郎《たろう》、所務《しょむ》に駈《か》られて熊野《くまの》に詣《けい》すべしとて、事《こと》のよしをたずね申《もう》さんために、聖人《しょうにん》へまいりたるに仰《おお》せられて云《のたま》わく、「それ、聖教万差《しょうぎょうまんじゃ》なり。いずれも機《き》に相応《そうおう》すれば巨益《こやく》あり。但《ただし》、末法《まっぽう》の今時《いまのとき》、聖道《しょうどう》の修行《しゅぎょう》におきては成《じょう》ずべからず。すなわち「我末法時中億々衆生起行修道未有一《がまっぽうじちゅうおくおくしゅじょうきぎょうしゅどうみういち》人得者《にんとくしゃ》」(安楽集《あんらくしゅう》)といい、「唯有浄土一門可通入路《ゆいうじょうどいちもんかつにゅうろ》」(同)と云々《うんぬん》 此皆《これみな》、経釈《きょうしゃく》の明文《めいもん》、如来《にょらい》の金《きん》言《げん》なり。しかるに今《いま》、唯有浄土《ゆいうじょうど》の真説《しんせつ》に就《つ》きて、忝《かたじけな》く彼《か》の三国《さんごく》の祖師《そし》、各此《おのおのこ》の一宗《いっしゅう》を興行《こうぎょう》す。所以《このゆえに》、愚禿勧《ぐとくすすむ》るところ、更《さら》にわたくしなし。しかるに一向専念《いっこうせんねん》の義《ぎ》は往生《おうじょう》の肝腑《かんぷ》、自宗《じしゅう》の骨目《こつもく》なり。すなわち、三経《さんぎょう》に隠顕《おんけん》ありといえども、文《もん》と云《い》い、義《ぎ》と云《い》い共《とも》に明《あき》らかなるをや。『大《だい》経《きょう》』の三輩《さんぱい》にも、一向《いっこう》と勧《すす》めて、流通《るずう》にはこれを弥勒《みろく》に附属《ふぞく》し、『観経《かんぎょう》』の九品《くほん》にも、しばらく三心《さんじん》と説《と》きて、これまた阿難《あなん》に附属《ふぞく》す、『小経《しょうきょう》』の一心《いっしん》ついに諸仏《しょぶつ》これを証誠《しょうじょう》す。之《これ》によって、論主一心《ろんじゅいっしん》と判《はん》じ、和尚一向《かしょういっこう》と釈《しゃく》す。しかればすなわち、何《いずれ》の文《もん》によりて、専修《せんじゅ》の義《ぎ》、立《りつ》すべからざるぞや。証誠殿《しょうじょうでん》の本地《ほんじ》すなわちいまの教主《きょうしゅ》なり。故《かるがゆえ》に、とてもかくても、衆生《しゅじょう》に結縁《けちえん》の心《こころ》ざしふかきによりて、和光《わこう》の垂跡《すいしゃく》をとどめたまう。垂跡《すいしゃく》をとどむる本意《ほんい》、ただ結縁《けちえん》の群類《ぐんるい》をして願海《がんかい》に引入《いんにゅう》せんとなり。しかあれば、本地《ほんじ》の誓願《せいがん》を信《しん》じて偏《ひとえ》に念仏《ねんぶつ》をこととせん輩《ともがら》、公務《くむ》にもしたがい、領主《りょうしゅ》にも駈仕《くし》して、其《そ》の霊地《れいち》をふみ、その社廟《しゃびょう》に詣《けい》せんこと、更《さら》に自心《じしん》の発起《ほっき》するところにあらず。しかれば垂跡《すいしゃく》におきて、内懐虚仮《ないえこけ》の身《み》たりながら、あながちに賢善精進《げんぜんしょうじん》の威儀《いぎ》を標《ひょう》すべからず。唯《ただ》、本地《ほんじ》の誓約《せいやく》にまかすべし、穴賢穴賢《あなかしこあなかしこ》、神威《しんい》をかろしむるにあらず、努力努力冥眦《ゆめゆめみょうし》をめぐらし給《たま》うべからず」と云々《うんぬん》　これによりて平太郎熊野《へいたろうくまの》に参詣《さんけい》す。道《みち》の作法《さほう》別整《とりわきととのうる》儀《ぎ》なし。ただ常没《じょうもつ》の凡情《ぼんじょう》にしたがえて、更《さら》に不浄《ふじょう》をも刷事《かいつくろうこと》なし、行住座臥《ぎょうじゅうざが》に本願《ほんがん》を仰《あお》ぎ、造次顚沛《そうしてんぱい》に師孝《しきょう》を憑《まも》るに、はたして無為《むい》に参着《さんちゃく》の夜《よ》、件《くだん》の男夢《おとこゆめ》に告《つ》げて云《い》わく、証誠殿《しょうじょうでん》の扉《とびら》をおしひらきて衣冠《いかん》ただしき俗人《ぞくじん》仰《おお》せられて云《い》わく、「汝何《なんじなん》ぞ我《われ》を忽緒《こっしょ》して汚穢不浄《わえふじょう》にして参詣《さんけい》するや」と。爾時《そのとき》かの俗人《ぞくじん》に対座《たいざ》して聖人忽爾《しょうにんこつじ》として見《まみ》え給《たま》う、其《そ》の詞《ことば》に云《い》わく、「彼《かれ》は善信《ぜんしん》が訓《おしえ》によりて、念仏《ねんぶつ》する者《もの》なり」と云々《うんぬん》　ここに俗人笏《ぞくじんしゃく》を直《ただ》しくして、ことに敬屈《けいくつ》の礼《れい》を著《あら》わしつつ、かさねて述《の》ぶるところなしと見《み》るほどに、夢《ゆめ》さめおわりぬ。おおよそ奇異《きい》のおもいをなすことというべからず。下向《げこう》の後《のち》、貴房《きぼう》にまいりて、くわしく此《こ》の旨《むね》を申《もう》すに、聖人《しょうにん》「其《そ》の事《こと》なり」とのたまう。此《これ》また不可思議《ふかしぎ》のことなりかし。

## 試訳

親鸞聖人は関東から故郷の京都に帰り、それまでの六十年を振り返られるに、まこと夢幻《ゆめまぼろし》のごときものでありました。都《みやこ》の内《うち》だからと言っても永く住む処《ところ》ではないと思われ、鴨川《かもがわ》をはさんで西東、あちらこちらに御草庵《そうあん》を遷《うつ》されましたが、ある時、五条西洞院辺《ごじょうにしのとういんあた》りがちょうどよいところだと思われ、しばらくお住まいになりました。

この頃になりますと、古く関東の地でみ教えをいただき直接の御弟子となった門徒等が、それぞれ聖人の御徳を慕い、遠国《えんごく》から京都まで道を尋ねて聖人の許《もと》へ来られます。その中に常陸《ひたち》の国那珂西郡大部《なかのさいのこおりおおぶ》の郷《ごう》の、平太郎《へいたろう》なにがしという庶民がおりました。聖人の御教《みおし》えをまこと大切にする、仏法第一の念仏者でありました。

ところがある時その平太郎が所《ところ》の領主《りょうしゅ》に公務を命ぜられ、領主の供《とも》をして熊野権現《くまのごんげん》に参詣《さんけい》しなければならなくなったのです。平太郎は、

本願念仏をいただく者が、熊野へお詣《まい》りをして雑行《ぞうぎょう》にはならないものでありましょうか。熊野権現に対しては、どのように振る舞えばよいのでしょうか。

とお尋ねするために、聖人の御許《みもと》へ参上いたしました。

その時親鸞聖人は、

そもそもお釈迦《しゃか》様がお説きになった教法《きょうぼう》は、大小権実定散顕密《ごんじつじょうさんけんみつ》等数え切れない違いがあります。どれが優《すぐ》れているということなく、どの教えも人と時代に合う合わないということがあって、

それぞれの人に合えばまことの生き方となるのです。

ただし現在は末法《まっぽう》でありますから、聖道《しょうどう》の修行は我々にはできません。すなわち、道綽禅師《どうしゃくぜんじ》の『安楽集《あんらくしゅう》』に、末法の時数千万億の衆生《しゅじょう》の中ただ一人も聖道の修行を成就《じょうじゅ》できる者なく、ただ浄土の教えだけが生きた仏道であるとあり、これらすべて如来の金言《きんげん》であります。まさしく今、三国七高僧《さんごくしちこうそう》がこのたった一つの浄土の生き方をお広めくだされました。ですから、私が勧《すす》める教えに全く恣意《しい》はないのです。専修《せんじゅ》念仏の教えは、往生の要《かなめ》、浄土真宗の骨格であります。大無量寿経《だいむりょうじゅきょう》・観無量寿経《かんむりょうじゅきょう》・阿弥陀経《あみだきょう》、それぞれに現れた義《ぎ》、隠《かく》れた義がありますが、これらによって天親菩薩《てんじんぼさつ》も善導大師《ぜんどうだいし》も斉《ひと》しく専修念仏の教えを明らかにしてくだされました。

熊野の證誠殿《しょうじょうでん》の本地《ほんじ》は阿弥陀如来であります。この国の衆生《しゅじょう》に縁を結ぶ志《こころざし》深く、熊野にお鎮《しず》まりになりこの国の有情《うじょう》を浄土に導こうとされているのです。ですから、本願をいただいて念仏申す者が、公務でその霊地に入り神社に参詣することは何ら差し支《つか》えはありません。決して自分自身から思い立ってのことではないからです。ただ我々は五濁《ごじょく》の凡夫《ぼんぶ》であり、汚《けが》れ多きものでありますから、精進《しょうじん》して穢《けが》れを遠ざけるというような思いを持ってはいけません。ただ、弥陀《みだ》の誓願《せいがん》に任《まか》せるのがよいのです。これは決して神を軽しめるものではありません。熊野権現が、怒《いか》り憎しみ給《たま》うことはないでしょう。

と仰せられました。

このお示しによって平太郎は、領主のお供をして熊野権現に参詣したのです。道の作法《さほう》はとりわけ整えず、不浄《ふじょう》も遠ざけぬ旅路でありました。

さて、行住坐臥《ぎょうじゅうざが》に本願を仰ぎ、立ち居振る舞いすべて聖人の教えを守って熊野に到着し、参籠《さんろう》した夜、平太郎に夢の御告《おつげ》がありました。本殿《ほんでん》の扉を押し開いて衣冠《いかん》正しき俗人《ぞくじん》が出座《しゅつざ》、平太郎に向かって、

お前はどうして私を軽んじて、精進潔斎《しょうじんけっさい》もせずに参ってきたのか。

と詰問《きつもん》なされたのです。

その時その俗人に対して、親鸞聖人が忽然《こつぜん》とお出ましになり、

彼はこの私の教えによって念仏する者であります。

と仰せられました。これを聞いた俗人は、持っていた笏《しゃく》を正して丁重なお礼のかたちをとられ重ねては何も仰せにはならなかった、というところで夢が覚めたのです。

全体、まことに不思議なことでありましたので、熊野より下向《げこう》の後もう一度京都の親鸞聖人の御《ご》庵室《あんじつ》に参上し、委《くわ》しく経緯を申し上げましたところ、聖人は、

それでよいのです。

とだけ仰せられました。これまたまことに不思議なことであります。

コラム.8

# 夢について

『親鸞伝絵』には、親鸞聖人や弟子らが夢を見てその夢にしたがうという場面がたびたび出てきます。

御伝鈔上巻第三段（御絵伝第四図）では、親鸞聖人が六角堂で観音菩薩からの夢告を受けられ、同第四段（御絵伝第五図）では、弟子の蓮位《れんに》が、聖徳太子が親鸞聖人を礼拝されているという夢を見ます。また、御伝鈔下巻第四段（御絵伝第十六図）では、箱根山で翁《おきな》が箱根権現《ごんげん》から夢のお告げを受けて親鸞聖人を歓迎したとあり、同第五段（御絵伝第十七図）では、弟子の平太郎が熊野権現に参詣した折に、親鸞聖人が夢にお出ましくだされたことが記されています。

これらの場面では、絵（御絵伝）にそれぞれ夢を見た人が横になっている姿が描かれていますが、今まさに眠っていて夢を見ている最中であることを表しています（第十六図では眠っている人物の姿は描かれていません）。

たかが夢、と私たちは考えがちですが、「夢のお告げ」という言葉があるように、目覚めている時には思いもつかなかった問題解決のヒントを夢から得られることがあるようです。

聖徳太子が建立された法《ほう》隆寺《りゅうじ》（奈良市）や四天王寺《してんのうじ》（大阪市）には、夢殿《ゆめどの》という建物があります。聖徳太子が時々その中にこもり政事《まつりごと》に思いをめぐらせ、仏さまから夢告――ご教示をたまわっていたとの言い伝えがあります。親鸞聖人もそのような故事にならって、六角堂にこもられたのではないでしょうか。

さまざまな情報に取り巻かれている私たちには想像しがたいことですが、人生の重大な局面にあって、夢に現れるほどに師仏《しぶつ》を想《おも》う古《いにしえ》の人々の信仰心なくして、このような伝承はなかったといえるでしょう。

六角堂（京都市中京区）境内の親鸞堂に安置される「夢想之像」。
©溝縁ひろし

平太郎《へいたろう》の熊野参詣《くまのさんけい》

御絵伝

# 第十七図　熊野参詣《くまのさんけい》

第十六図の図の続きで、平太郎《へいたろう》の熊野参詣《くまのさんけい》をめぐる場面です。常陸国《ひたちのくに》（現在の茨城県）の平太郎は、熊野参詣の是非《ぜひ》を京都におられる親鸞聖人に尋ねました。これに親鸞聖人は「構わぬこと。ただ念仏《ねんぶつ》せよ」と返されたのです。その後、平太郎は熊野に参詣し、その夜、不思議な夢を見ました。

本図は三つの場面からなります。左図下、参籠殿《さんろうでん》で寝ているのが平太郎。いま夢のさなかです。どのような夢なのでしょうか。

正装した人（熊野権現《くまのごんげん》）が本殿の扉を開けて現れ、次のように言いました。「なぜ不浄《ふじょう》のまま、精進《しょうじん》もせずに参詣したのか」。権現は、平太郎を問い詰めたのです。

夢の続きは、左図上に描かれています。戸惑《とまど》う平太郎と他の参詣人の前に、親鸞聖人が忽然《こつぜん》とお出ましです。そして、「彼は善信《ぜんしん》（親鸞聖人のこと）が訓《おしえ》によりて、念仏するものなり」とおっしゃったのです。権現は笏《しゃく》を正し、親鸞聖人に頭を下げました。そこで、平太郎は夢から覚《さ》めました。

場面は熊野権現（右図）、平太郎参籠（左図下）、熊野霊告（左図上）に分かれます。

右図【熊野権現】
① 白梅
② 松

左図下【平太郎参籠】
③ 平太郎
④ 従者
⑤ 先達の山伏
⑥ 常陸国領主の佐竹刑部左衛門末方と奥方（諸説あり）

左図上【熊野霊告】
⑦ 親鸞聖人
⑧ 熊野権現

## 図のここに注目！

### 普段着の平太郎

左図下、体を横にしている平太郎【図説】③は普段着のままです。聖なる場への参詣なのに、どうしたことでしょうか。

平太郎は親鸞聖人に参詣の是非を尋ねた時、親鸞聖人から「熊野権現の本地《ほんじ》は阿弥《あみ》陀如来《だにょらい》である。仮に神となっているのは念仏の教えを勧《すす》めるためである」と諭《さと》されました。

さらに「公の仕事で、あるいは領主の命令で参詣するのは、自ら進んでのことではないので構わない。ただし、うわべだけの精進をしてはいけない。ただ念仏せよ」といただいたのでした。平太郎はそれに従い、特別にかい繕《つくろ》うことなく参詣したのでした。

深める

## 1 その後の平太郎

あまりに不思議な夢を見た平太郎は、熊野を出た後、再び親鸞聖人のもとを訪ねました。

夢の詳細を話すと、親鸞聖人は「それでよいのです」とおっしゃいました。夢の中で親鸞聖人が平太郎を指して言った「彼は善信が訓《おしえ》によりて、念仏する者なり」の「善信」とは親鸞聖人のことですが、「彼」とは平太郎一人のことではありません。五《ご》濁《じょく》の凡夫《ぼんぶ》、つまりこの私を指して、「彼は」とおっしゃっているのでしょう。ただひとえに阿弥陀如来に導かれ、念仏によって生きることの尊さが説かれています。

## 2 阿弥陀如来のお咎《とが》め

この場面で熊野権現の本地は阿弥陀如来と言われています。それなのに、なぜ念仏の行者である平太郎はお咎めを受けたのでしょうか。

これには二つの理由が考えられます。

一つは、お咎めがなければ、私たちはどこに参っても構わないと思ってしまうからです。みだりに現世を祈ることへの戒《いまし》めなのでしょう。

また、ここでは一度咎めた上で、親鸞聖人のお出ましをいただき、権現が親鸞聖人に礼拝しています。この場面では、そのように、親鸞聖人と権現によって、「ただ念仏せよ」ということが伝えられているのです。

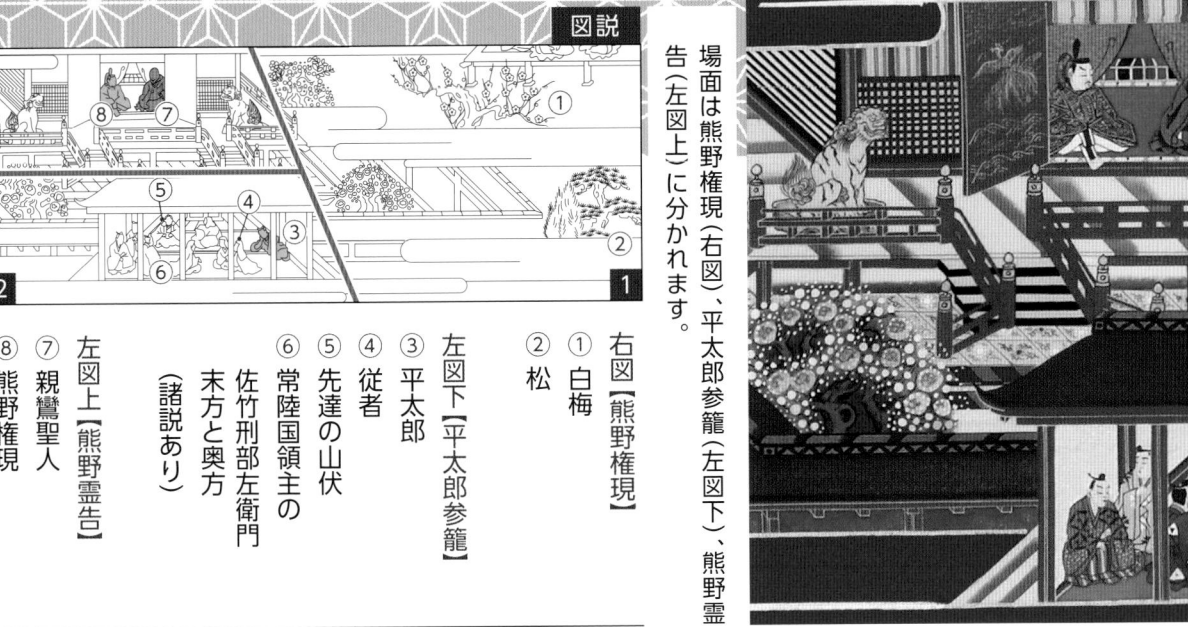

本文

御伝鈔

# 第六段　洛陽《らくよう》遷化《せんげ》

該当絵：第十八図・第十九図

聖人弘長二歳《しょうにんこうちょうにさい》　壬戌《みずのえいぬ》　仲冬下旬《ちゅうとうげじゅん》の候《こう》より、いささか不例《ふれい》の気《き》まします。自爾以来《それよりこのかた》、口《くち》に世事《せじ》をまじえず、ただ仏恩《ぶっとん》のふかきことをのぶ。声《こえ》に余言《よごん》をあらわさず、もっぱら称名《しょうみょう》たゆることなし。しこうして同第八日午時《おなじきだいはちにちのうまのとき》、頭北面西右脇《ずほくめんさいうきょう》に臥《ふ》し給《たま》いて、ついに念仏《ねんぶつ》の息《いき》たえましましおわりぬ。時《とき》に、頽齢九旬《たいれいきゅうじゅん》に満《み》ちたまう。禅坊《ぜんぼう》は長安《ちょうあん》馮翊《ふよく》の辺《ほとり》　押小路南万里小路東《おしこうじのみなみまでのこうじよりひがし》　なれば、はるかに河東《かとう》の路《みち》を歴《へ》て、洛陽東山《らくようひがしやま》の西《にし》の麓《ふもと》、鳥部野《とりべの》の南《みなみ》の辺《ほとり》、延仁寺《えんにんじ》に葬《そう》したてまつる。遺《い》骨《こつ》を拾《ひろ》いて、同山《おなじきやま》の麓《ふもと》、鳥部野《とりべの》の北《きた》、大谷《おおたに》にこれをおさめたてまつりおわりぬ。しかるに、終《しゅう》焉《えん》にあう門弟《もんてい》、勧化《かんけ》をうけし老若《ろうにゃく》、おのおの在世《ざいせ》のいにしえをおもい、滅後《めつご》のいまを悲《かな》みて、恋慕涕泣《れんぼていきゅう》せずということなし。

試訳

親鸞聖人は、弘長《こうちょう》二年の十一月二十日頃からご病気になられました。それからは、世間のことがらを口にせず、ただただ仏恩《ぶっとん》の深いことを仰せられました。聞こえるお声は称名《しょうみょう》だけで、絶えることがありませんでした。こうして、弘長二年十一月二十八日、お昼午《うま》の刻《こく》、頭を北にお顔を西に右《みぎ》脇《わき》を下にして臥《ふ》され、ついにお念仏の終わりをお迎えになられました。時に九十歳のご高齢でございました。

最後の御庵室《ごあんじつ》は京都左京《さきょう》の押小路《おしのこうじ》の南萬里小路東《みなみまでのこうじよりひがし》、柳馬場《やなぎのばんば》でありましたので、ご遺体は鴨川《かもがわ》を渡って東山《ひがしやま》の西の麓《ふもと》、延仁寺《えんにんじ》で葬送《そうそう》、荼毘《だび》に付し遺骨を拾うて、同じ山の麓鳥辺野《とりべの》の北、大谷《おおたに》にこれをお納め申し上げました。

ご臨終《りんじゅう》にあう門弟、教えを受けた多くの門徒、それぞれに親鸞聖人の温顔《おんがん》を思い、もうこの世に居《お》られなくなったことを悲しみ、跡を慕《した》って、涙を流さぬ者はありませんでした。

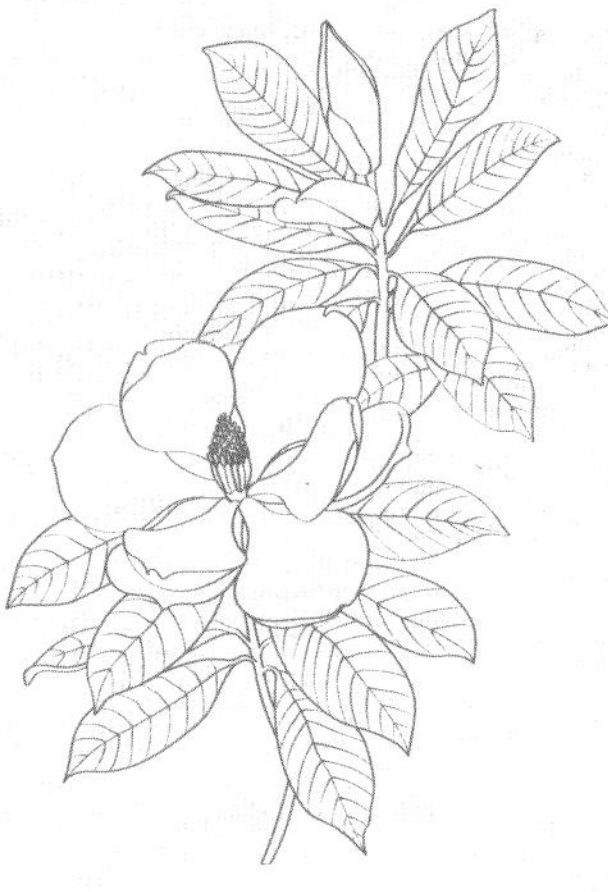

## 親鸞聖人のご入滅《にゅうめつ》

御絵伝

# 第十八図　洛陽遷化《らくようせんげ》

親鸞聖人ご入滅の場面です。弘長《こうちょう》二（一二六二）年十一月二十八日、親鸞聖人は、九十年のご生涯を閉じられました。

親鸞聖人は十一月二十日頃からお身体を悪くされていました。この頃から聖人は世の中のことを口にされず、出遇《であ》った仏法へのご恩を述べ、もっぱら念仏《ねんぶつ》を称《とな》えておられたと伝えられています。

聖人の体調不良の報を耳にして、多くの門弟《もんてい》が集まってきました。右図が、その様子です。火桶《ひおけ》を前に、聖人が最後のご教化をされています。

親鸞聖人は京都の押小路《おしこうじ》の南、万里小路《までのこうじ》の東にある禅房《ぜんぼう》（善法院《ぜんぽういん》）で亡くなられました。中図が、その様子です。みな悲しみにくれ、涙しています。

多くの門弟に囲まれ、親鸞聖人の亡骸《なきがら》を乗せた輿《こし》が荼毘所《だびしょ》へと向かいました。左図が、その様子です。老若《ろうにゃく》問わず、聖人の教化を受けた者はみな、聖人のありし日をしのび、滅後のいまを悲しむのでした。

図説

場面は病床教化（右図）、洛陽遷化（中図）、洛陽葬送（左図）に分かれます。

右図【病床教化】
① 寒梅《かんばい》
② 親鸞聖人
③ 関東の門弟
④ 顕智房《けんちぼう》

中図【洛陽遷化】
⑤ 益方入道《ますかたにゅうどう》
（聖人の三男）
⑥ 親鸞聖人
⑦ 関東の門弟

左図【洛陽葬送】
⑧ 柩《ひつぎ》を乗せた輿《こし》
⑨ お供の門弟たち

# 図のここに注目！

## 寒梅《かんばい》の花

親鸞聖人のご入滅は、旧暦の十一月二十八日のお昼頃、冬のさなかでした。

右図手前の庭には、寒梅が白い花【図説《ずせつ》】①を咲かせています。これは、吹雪《ふぶき》の如《ごと》き五濁悪世《ごじょくあくせ》に本願《ほんがん》念仏を明らかにし、衆生《しゅじょう》にお伝えくだされた聖人の徳を譬《たと》えたものです。

なお、真宗本廟《しんしゅうほんびょう》（東本願寺）では旧暦の日付である十一月二十八日を報恩講《ほうおんこう》（親鸞聖人の祥月命日《しょうつきめいにち》に勤まる法要）の御《ご》満座《まんざ》（最終の日）としています。新暦の日付に合わせると十一月二十八日は一月十六日。寒梅が咲き始める頃になります。

深める

## 1 頭北面西右脇《ずほくめんさいうきょう》

親鸞聖人の入滅の場面は、『御伝鈔《ごでんしょう》』には「頭北面西右脇に臥《ふ》し給《たま》いて、ついに念仏の息たえましましおわりぬ」（頭を北にして西を向き、右脇を下にして横になられ、念仏申すご生涯を閉じられました）と記されています。ここに出てくる「頭北面西右脇」とは、釈尊《しゃくそん》が入滅された時と同じ姿を表しています。

## 2 紙衣《かみこ》の九十年

勿体《もったい》なや
祖師《そし》は紙衣《かみこ》の　九十年

これは、句仏上人《くぶつしょうにん》とも呼ばれた、本願寺第二十三代・彰如《しょうにょ》上人（一八七五〜一九四三年）の句で「祖師親鸞聖人は庶民と共にまことに質素なご生活で九十年の生涯を送られ、本願念仏を伝えてくだされました。それを思えば今の私、この布団でも贅沢《ぜいたく》すぎてまことにもったいないことであります」といった意味です。

句仏上人は、新傾向派の俳人・河東碧梧桐《かわひがしへきごとう》氏（一八七三〜一九三七年）を先生と仰いでおられました。

ある年の報恩講の季節、句仏上人は風邪を引かれ、句会を欠席されました。心配された先生がお見舞いに行かれたところ、句仏上人はたいへん質素な寝具でお休みだったのです。そのお姿に驚《おどろ》かれた先生に向け、句仏上人が詠まれたのがこの句だと伝えられています。

親鸞聖人のご生涯への思いがひしひしと伝わってくる名句です。

親鸞聖人とのお別れ

御絵伝

# 第十九図　葬《そう》送《そう》荼《だ》毘《び》

前の図の続きです。親鸞聖人の亡骸《なきがら》は東山（京都府京都市）の麓《ふもと》、鳥辺《とりべ》（部）野《の》へと運ばれました。延仁寺《えんにんじ》の荼毘所《だびしょ》で火葬《かそう》されたあと、ご遺骨は鳥辺野の北、大谷《おおたに》の地に納められました。

親鸞聖人が亡くなった翌日の十一月二十九日、親鸞聖人のご遺体を乗せた輿《こし》は南に下り、鳥辺野の荼毘所へと向かいました。右図は、その様子を描いています。

鳥辺野は平安時代頃から、葬送の地として知られていました。ご遺体はその南端の延仁寺《えんにんじ》で、多くの門弟《もんてい》に見守られながら火葬されました。左図は、その様子を描いています。

図説

親鸞聖人のご遺体が鳥辺野へ向かう場面（右図）、葬送荼毘の場面（左図）に分かれます。

右図【鳥辺野へ】
① 柩《ひつぎ》を乗せた輿《こし》
② 犬神人《いぬじにん》（宝来《ほうらい》）
③ 門弟たち

左図【葬送荼毘】
④ 門弟たち
⑤ 荼毘《だび》
⑥ 火葬人

# 図のここに注目！

## 1 別れを惜《お》しむ門弟

右図にも左図にも、親鸞聖人との今生《こんじょう》の別れを惜《お》しむ門弟【図説】③④の姿が描かれています。衣の袖《そで》を目にあて、涙をぬぐう門弟の姿も見えます。

## 2 犬神人《いぬじにん》

右図上には、鉾《ほこ》を手にした犬神人【図説】②の姿が見えます。

犬神人は、宝来《ほうらい》とも呼ばれ、この時代京都の社寺の護衛・警護、道路の清掃、牛馬の死屍《しし》の始末、葬送儀礼を司《つかさど》るなどの業務に従事した人びとです。当時、一般社会からは疎外された人びとでありましたが、親鸞聖人はこれらの人びととも隔《へだ》てなく生活されたことが、この一場面からもうかがえます。

深める

## 1 無常の地、鳥辺野

親鸞聖人が荼毘に付された鳥辺野は、人びとの心に無常を知らしめ続けた場所でした。

兼好法師《けんこうほうし》の『徒然草《つれづれぐさ》』にも、「あだし野の露《つゆ》消ゆる時《き》なく、鳥部山の煙《けぶり》立ちさらでのみ、住み果つる習ひならば、いかに、もののあはれもなからん」と、述べられています。あだし野の露や鳥辺野の煙が消えずに、ずっと残っているように、人生が永遠に続くのなら、世の中はつまらないだろう、という意味です。

## 2 魚《うお》にあたうべし

『本願寺聖人伝絵《ほんがんじしょうにんでんね》』の作者でもある、本願寺第三代覚如上人《かくにょしょうにん》が著された『改邪鈔《がいじゃしょう》』の中には、親鸞聖人は生前、次のようにおっしゃっていたと書かれています。

「某《それがし》親鸞閉眼《へいがん》せば、賀茂河《かもがわ》にいれて魚《うお》にあたうべし」（真宗聖典 六九〇頁）。

このことについて覚如上人は、「これすなわち、この肉身をかろんじて仏法の信心を本《ほん》とすべきよしをあらわしましますゆえなり」と述べておられます。

この図の簡素に描かれた場面からも、「どこまでも信心を本とすべきである」という意趣が伝わってくるのではないでしょうか。

御伝鈔

# 第七段　廟《びょう》堂《どう》創《そう》立《りつ》

該当絵：第二十図

本文

文永九年冬《ぶんえいくねんふゆ》の比《ころ》、東山西《ひがしやまにし》の麓《ふもと》、鳥部野《とりべの》の北《きた》、大谷《おおたに》の墳墓《ふんぼ》をあらためて、同麓《おなじきふもと》より猶西《なおにし》、吉水《よしみず》の北《きた》の辺《ほとり》に、遺骨《いこつ》を掘渡《ほりわた》して、仏閣《ぶっかく》をたて影像《えいぞう》を安《あん》ず。此《こ》の時《とき》に当《あた》りて、聖人相伝《しょうにんそうでん》の宗義《しゅうぎ》いよいよ興《こう》じ遺訓《ゆいくん》ますます盛《さか》りなること、頗《すこぶ》る在世《ざいせ》の昔《むかし》に超《こ》えたり。すべて門葉国郡《もんようこくぐん》に充満《じゅうまん》し、末《まつ》流処々《りゅうしょしょ》に遍布《へんぷ》して幾千万《いくせんまん》ということをしらず。其《そ》の稟教《ほんぎょう》を重《おも》くして、彼《か》の報謝《ほうしゃ》を抽《ぬきん》ずる輩《ともがら》、緇《し》素《そ》・老少《ろうしょう》、面々《めんめん》あゆみを運《はこ》びて、年々廟堂《ねんねんびょうどう》に詣《けい》す。凡《おおよ》そ聖人在生《しょうにんざいしょう》の間《あいだ》、奇特《きどく》これおおしといえども、羅縷《らる》に遑《いとま》あらず。しかしながら、これを略《りゃく》するところなり。

## 試訳

文永《ぶんえい》九年冬の頃、親鸞聖人がご入滅《にゅうめつ》なされてからちょうど十年の後、東山《ひがしやま》の西の麓鳥辺野《ふもととりべの》の北大《おお》谷《たに》の墳墓《ふんぼ》を改めて、同じ麓より少し西吉水《よしみず》の北の辺《あたり》に、遺骨を掘り渡して仏閣《ぶっかく》を建て影像《えいぞう》を安置いたしました。

この時、多くの門弟が力を尽くしました。親鸞聖人が伝えてくだされた本願念仏の教えは、ますます人々に広まり、遺《のこ》してくだされた浄土の真宗という生き方がいよいよ盛《さか》んになってきたことは、聖人のご在世の昔を大きく超えるものでありました。

聖人の御弟子は国の中にあふれ、聖人のお流れをいただく者はあちらにもこちらにも、数限りもないことであります。

親鸞聖人にお教えいただいた生き方をまこと大事なものとして、如来大悲の恩徳《おんどく》と師主《ししゅ》知識の御《お》徳《とく》を些《いささ》かでも報謝《ほうしゃ》せんとする者は、衣《ころも》を着る者着ない者老少《ろうしょう》とりまぜて、年々廟堂《びょうどう》に参詣いたしております。

おおよそ、親鸞聖人は阿弥陀如来の来現《らいげん》でありますから、ご在生《ざいしょう》の間まことに奇特《きどく》なことがらが数え切れないほどございましたが、いちいち書き記す余裕がございません。まことに残念なことでありますが、今はこれを省略する処《ところ》であります。

大谷《おおたに》の廟堂《びょうどう》創立

御絵伝

# 第二十図　廟堂創立《びょうどうそうりつ》

いよいよ最後の図になりました。廟堂創立の図です。親鸞聖人がお亡くなりになってからおよそ十年後の冬、大谷《おおたに》（京都府京都市）へ親鸞聖人のお墓を移転することになりました。親鸞聖人の末娘・覚信御房《かくしんごぼう》（覚信尼）が中心となって進められたと伝えられます。

移転先は、吉水《よしみず》の北辺・大谷でした。ここに、廟堂が建てられ、親鸞聖人の御真影《ごしんねい》が安置されました。鎌倉時代後半のことです。この二年後に日本は、蒙古襲来《もうこしゅうらい》いわゆる「元寇《げんこう》」に苦しめられます。本図は、建立された廟堂を描いたもの。本願寺《ほんがんじ》の原点ともいえる御堂です。

親鸞聖人の滅後、その宗義はさらに盛んになり、本願念仏の教えは全国に広まっていきました。廟堂への参拝者も増え、境内《けいだい》は多くの門徒でにぎわいました。その後、御真影を安置した廟堂は、覚如《かくにょ》上人《しょうにん》の時、本願寺となりました。

東山吉水に建立された廟堂の様子を描いたもの。

**図説**

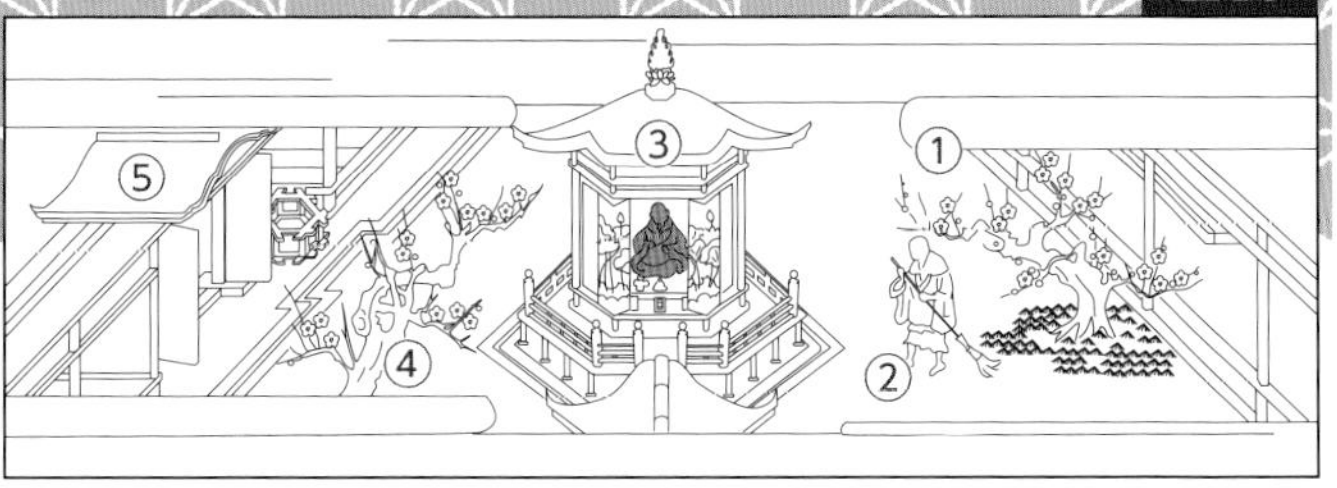


① 紅梅
② 庭を掃く人
③ 御真影
④ 白梅
⑤ 大谷廟堂御門

## 図のここに注目!

### 庭を掃《は》くお方は?

左右の白梅と紅梅【図説】④①から、時節は春だとわかります。その紅梅と廟堂の間に、箒《ほうき》を手に庭を掃く人【図説】②が描かれています。

この人は、関東から報恩講《ほうおんこう》に参拝に来られた本願寺第二代の如信上人《にょしんしょうにん》とも、『御伝鈔《ごでんしょう》』を書かれた第三代の覚如《かくにょ》上人ともいわれています。また、『御絵伝』の絵を描いた浄賀法眼《じょうがほうげん》であるとも伝えられています。浄賀法眼は覚如上人のもと、専属の絵仏師として活躍しました。

このように諸説ありますが、これは、「真宗の道場にお仕えする者は、掃除をもってその勤めとせよ」ということを示しているのではないでしょうか。

## 深める　阿弥陀如来《あみだにょらい》の化現《けげん》

本図は、四幅の最上段にあたります。これまでと同様、最上段は親鸞聖人が阿弥陀如来の化現であることを示すところです。

初幅は、下妻《しもつま》の蓮位《れんに》という、親鸞聖人の御弟子による証明でした。二幅目は、画家の定禅《じょうぜん》、つまり他人による証明でした。三幅目は、親鸞聖人の命を奪《うば》おうとした山伏弁円《やまぶしべんねん》、いうなれば聖人を敵と思っていた人からの証明でした。

では、この四幅目は、誰による証明なのでしょうか。

これまで我々は『御絵伝』を拝見し、親鸞聖人の御生涯の御苦労をいただきました。「ああなるほど、このどうしようもない私一人のために、親鸞聖人はお出ましくだされたのか」。そう気づいた時、ほかならぬ「私」によって、確かに親鸞聖人は阿弥陀如来の化現だといただくことができるのではないでしょうか。

つまり、今『御絵伝』を拝見し、教えをいただく私一人《いちにん》による証明です。

この場面にある廟堂には、教えに感動した多くの人が集うようになったと伝えられています。

この『御絵伝』が、阿弥陀如来の化現である親鸞聖人の教えによって本願念仏に救われた私が、御真影の前に念仏申す、という場面で結ばれていることを、しっかりといただきたいことであります。

## おわりに ― 如来大悲の恩徳・師主知識の恩徳 ―

如来大悲《にょらいだいひ》の恩徳《おんどく》は
身《み》を粉《こ》にしても報《ほう》ずべし
師主知識《ししゅちしき》の恩徳も
ほねをくだきても謝《しゃ》すべし
（「正像末和讃」真宗聖典五〇五頁）

と、親鸞聖人は渾身《こんしん》の力を込めて、人の世に何が大事かを教えてくださいました。

順序は、「如来大悲の恩徳」、「師主知識の恩徳」となっていますが、これは当然、事の重大さ、聖人の感動の大きさの順に詠《うた》われたもので、出来事の順ではありません。

親鸞聖人は、比叡山《ひえいざん》での二十年の修行に区切りをつけられ、山を出て六角堂《ろっかくどう》の観世音菩薩《かんぜおんぼさつ》のお導きによって法然上人《ほうねんしょうにん》の御庵室《ごあんじつ》に参上し、

ただ念仏《ねんぶつ》して、弥陀《みだ》にたすけられ
まいらすべし
（『歎異抄』真宗聖典六二七頁）

という如来の悲願《ひがん》に出遇《であ》われたのです。出来事の順は「師主知識の恩徳」が先であることは言うまでもありません。

私のこれまでを振り返っても、最初にお参りした御法座《ごほうざ》は、祖母に連れられた隣町の御道場の御遠忌《ごえんき》でありました。また、初めての報恩講《ほうおんこう》参勤は父に連れられた組《そ》内《ない》の御道場でありました。祖母や父が、師主知識の役割を果たしてくれたのです。

このような御縁が大きなおはたらきとなって、今私は弥陀の本願《ほんがん》に出遇う道を歩ませていただいております。

このような意味から申しますと、今回拝見してまいりました『御絵伝』は、「如来大悲の恩徳」と「師主知識の恩徳」とを、同時に我々に気づかせてくださる、こよなき御縁であります。

以前に申しましたように、この『御絵伝』は元々『本願寺聖人伝絵』という御名の絵巻物でありました。絵巻物でありますから、説明文と絵が交互に出てまいります。このような形式は、多人数が拝読・拝見するのにまことに不都合です。また、一人が拝読拝見するにしても、文章と絵が交互に出てまいりますので、説明を拝読しながら絵を拝見することができません。

そこで、この『本願寺聖人伝絵』を御制作された本願寺第三代覚如《かくにょ》

上人は、文章は文章でまとめて拝読文とし、絵はまとめて四幅の『御絵伝』として分けられたのです。さらに覚如上人は、絵だけをまとめることによって、御教えの新しい伝達方法を確立されました。それが、「師主知識の恩徳」と「如来大悲の恩徳」とを、同時に伝える御縁としての『御絵伝』でありました。

親鸞聖人は八百五十年の昔、私の泣き声に応えてお出ましになり、仏法を暮らしのかたちにしてくださいました。日本広しといえど、歴史永しといえど、仏法を暮らしのかたちにしてくださったのは親鸞聖人たったお一人、他には絶えておられません。その疾風怒濤《しっぷうどとう》のごとき九十年の御生涯の節目節目が十一段十六図、四幅の中に最上段を除いて下から上へ右から左へ、順に描かれています。

その意味では、この『御絵伝』は間違いなく「師主知識の恩徳」をいただく御縁であります。

一方、親鸞聖人はまぎれもなく「阿弥陀如来《あみだにょらい》の化現《けげん》」であります。53頁に、"阿弥陀如来の化現とは、阿弥陀如来のおはたらきを我々にわかるようにお示しくださったお方である"と説明しております。四幅の『御絵伝』の各幅の最上段にそのことが示されています。

初幅は、親鸞聖人の御弟子蓮位《れんい》が、聖人を礼拝される聖徳太子《しょうとくたいし》を夢に見た、というお示しであります。

二幅目は、画家定禅《じょうぜん》が見た夢の、善光寺の御本尊《ほんぞん》と親鸞聖人のお顔が同じであった、と示されます。

三幅目は、親鸞聖人を殺そうとした山伏弁円《やまぶしべんねん》が、聖人に阿弥陀如来を見た、というお示しであります。

そして四幅目、他ならぬ私によって、「この私に仏法を届ける、などということが、ただ人《びと》にできようはずがない。このお方はたしかに阿弥陀如来である」と証明されて、この『御絵伝』が成就《じょうじゅ》するのです。

その意味で、この『御絵伝』は、「如来大悲の恩徳」に出遇う御縁であります。

覚如上人は、親鸞聖人の九十年の御生涯の節目を辿《たど》ることによって、私が「師主知識の恩徳」に導かれ、「如来大悲の恩徳」に出遇ってゆく道筋を明らかにお示しくださいました。

研究者の中には、親鸞聖人に出遇うにはこれでは足りない、もっと細かいことも必要である、という方もおられます。しかし、そんなことはありません。覚如上人の目的は、私に「師主知識の恩徳」と「如来大悲の恩徳」を伝えることでありました。『御伝鈔』上下十五段、『御絵伝』四幅、二十図で十分なのです。

本書をよき御縁として、共々にくりかえしくりかえし、『御伝鈔』・『御絵伝』をいただいてまいりたいと存じます。

（沙加戸　弘）

# 親鸞聖人略年表

※丸数字は御伝鈔の段を示します。

| 西暦 | 和暦 | 親鸞年齢 | 月日 | 事項 | 御伝鈔　上巻　下巻 |
|---|---|---|---|---|---|
| 一一七三 | 承安《じょうあん》三 | 一 | | 京都にて、藤原氏の流れをくむ日野家、有範《ありのり》の子として生まれる。 | |
| 一一八一 | 治承《じしょう》五 | 九 | 春の頃 | 慈円《じえん》（慈鎮和尚《じちんかしょう》）の僧坊《そうぼう》にて出家得度《しゅっけとくど》。「範宴《はんねん》」の法名《ほうみょう》を授かる。 | ①出家学道《しゅっけがくどう》 |
| 一一八二 | 寿永《じゅえい》元 | 一〇 | | 妻・恵信御坊《えしんごぼう》（恵信尼）誕生。 | |
| 一一九八 | 建久《けんきゅう》九 | 二六 | | 法然《ほうねん》、『選択本願念仏集《せんじゃくほんがんねんぶつしゅう》』を著《あらわ》す。 | |
| 一二〇一 | 建仁《けんにん》元 | 二九 | | 比叡山《ひえいざん》を下《お》りて六角堂《ろっかくどう》に参籠《さんろう》し、九十六日目に聖徳太子《しょうとくたいし》（観音菩薩《かんのんぼさつ》）の夢告《むこく》を受け、吉水《よしみず》の法然の門に入る。 | ③六角夢想《ろっかくむそう》　②吉水入室《よしみずにゅうしつ》 |
| 一二〇四 | 元久《げんきゅう》元 | 三二 | 一一・八 | 法然が門弟《もんてい》を戒《いまし》めるために示した「七箇条《しちかじょう》の制誡《せいかい》」に「僧綽空《そうしゃくくう》」と署名《しょめい》する。 | |

| | | | | | |
|---|---|---|---|---|---|
| 一二〇五 | 元久《げんきゅう》二 | 三三 | 四・一四 | 法然より『選択本願念仏集』を付属《ふぞく》される。<br>書写《しょしゃ》した『選択集《せんじゃくしゅう》』に、法然が内題《ないだい》など二十四文字を書き入れる。<br>さらに法然真影《しんねい》の図画《ずえ》を許される。 | ⑤選択付属《せんじゃくふぞく》 |
| | | | 七・二九 | 図画した影像《えいぞう》に、法然が銘《めい》を記す。<br>綽空《しゃくくう》の名を改める。 | |
| | | | | 往生《おうじょう》の因《いん》は信不退《しんふたい》か行不退《ぎょうふたい》か、<br>法然の門弟《もんてい》たちに問う。 | ⑥信行両座《しんぎょうりょうざ》 |
| | | | | 親鸞の「法然上人《ほうねんしょうにん》の信心《しんじん》と<br>私の信心は等しい」とする発言について<br>他門弟《もんてい》たちと議論《ぎろん》になる。 | ⑦信心諍論《しんじんじょうろん》 |
| 一二〇七 | 承元《じょうげん》元 | 三五 | 二・上旬 | 専修念仏停止《せんじゅねんぶつちょうじ》により越後国《えちごのくに》の国府《こくぶ》に、<br>法然は讃岐《さぬき》に流罪《るざい》。<br>また他四人が死罪《しざい》となる。(承元《じょうげん》の法難《ほうなん》) | ①師弟流謫《しているたく》 |
| 一二一一 | 建暦《けんりゃく》元 | 三九 | 一一・一七 | 法然と共に流罪赦免《るざいしゃめん》となる。 | |
| 一二一二 | 二 | 四〇 | 一・二五 | 法然還浄《げんじょう》。 | |

| 西暦 | 和暦 | 親鸞年齢 | 月日 | 事項 | 御伝鈔《ごでんしょう》 上巻《じょうかん》 下巻《げかん》 |
|---|---|---|---|---|---|
| 一二一四 | 建保《けんぽう》二 | 四二 | | 越後《えちご》から関東へ向かう途中、佐貫《さぬき》で浄土三部経《じょうどさんぶきょう》千部読誦《どくじゅ》を発願《ほつがん》するが中止。やがて常陸《ひたち》へ向かう。 | |
| | | | | 常陸《ひたち》の稲田《いなだ》に居《きょ》を構《かま》え、人々に念仏の教えを説く。 | ②稲田興法《いなだこうぼう》 |
| | | | | 弁円《べんねん》が弟子となり、明法房《みょうほうぼう》の名を授ける。 | ③弁円済度《べんねんさいど》 |
| 一二二四 | 元仁《げんにん》元 | 五二 | | 『教行信証《きょうぎょうしんしょう》』草稿本《そうこうぼん》完成説あり。<br>末娘・覚信御坊《かくしんごぼう》(覚信尼)誕生。 | |
| 一二二七 | 嘉禄《かろく》三 | 五五 | 六・二四 | 延暦寺衆徒《えんりゃくじしゅと》、法然の墳墓《ふんぼ》を破却《はきゃく》。(嘉禄《かろく》の法難《ほうなん》) | |
| | 安貞《あんてい》元 | | | ふたたび専修念仏停止《せんじゅねんぶつちょうじ》。 | |
| 一二三〇 | 寛喜《かんぎ》二 | 五八 | | 『唯信鈔《ゆいしんしょう》』を書写《しょしゃ》。 | |
| 一二三一 | 三 | 五九 | 四・四 | 病床で「大無量寿経《だいむりょうじゅきょう》」を読《よ》むが、建保《けんぽう》二年の三部経千部読誦《どくじゅ》の反省を思い返し中止する。 | |
| 一二三二 | 貞永《じょうえい》元 | 六〇 | | このころ関東から京都に帰り、五条西洞院《ごじょうにしのとういん》に居住。 | ④箱根霊告《はこねれいごう》 |
| | | | | 上洛《じょうらく》した平太郎《へいたろう》より、熊野権現《くまのごんげん》参詣《さんけい》について尋ねを受ける。 | ⑤熊野霊告《くまのれいごう》 |